Kunterbuntes

Frühlingserwachen

Bibliografische Information durch die Deutsche Nationalbibliothek:
Die Deutsche Nationalbibliothek verzeichnet diese Publikation in der
Deutschen Nationalbibliografie; detaillierte bibliografische Daten sind im
Internet über http://dnb.d-nb.de abrufbar.

Rechte für die Einzeltexte liegen bei den jeweiligen Autoren
Herausgeberin: Petra Pohlmann
Coverbild von Audrey Odom auf Unsplash
Coverdesign: Andreas Wieckowski (andwiec@gmail.com)
Originalausgabe März 2025
© Gesamtherstellung Pohlmann Verlag, 49196 Bad Laer
www.pohlmann-verlag.de
Printed in EU

ISBN 978-3-948552-54-1

Hg. Petra Pohlmann

Kunterbuntes
Frühlingserwachen

Geschichten und Gedichte
für
Jung und Alt

Pohlmann Verlag

Frühling ...

Ulrike Müller

Frühling, kann dich kaum erwarten.
Komm in meinen Blumengarten!
Knospe, zartes Blättergrün,
lass Traubenhyazinthen blühn.
Rote Tulpen und Narzissen,
will euch nicht mehr länger missen!

Frühlingssammlung

Helmut Rinke

Ich steige die Steinstufen zum Lutherpark hinauf. Grün breitet sich aus. Eine Fülle von Narzissen lacht mich an. Einige Bänke sind frei, aber nur im Schatten. Drüben ist noch ein Sonnenplatz. Ein Mann sitzt dort, neben sich eine Plastiktüte, hoch voll. Den Kragen seiner wattierten Jacke hat er hochgeschlagen, eine bunte Wollmütze auf dem Kopf, die Beine ausgestreckt. Die Augen unter den Zipfeln des Grauhaars blinzeln in die Sonne.

Ich gehe auf ihn zu. „Hallo, darf ich …?"

Seine Augendeckel heben sich leicht. Er nickt und stellt seine Tüte neben die Bank. Es klingt blechern. Oben ragt ein brauner Flaschenhals heraus. Der Kronkorken fehlt.

Aha, denke ich, *wohl allerhand geschafft …*

Der Mann rückt etwas zur Seite. Ich setze mich. Weg mit der Sonnenbrille. Die verfälscht hier nur die Natur, die frühe Blumenpracht, die Farbenfülle. So richtig was für's Herz. Das alles hat mir lang genug gefehlt.

Der Mann räkelt sich. Dann setzt er sich aufrecht und schaut umher, auch hinter die Bank.

„Ein ruhiges Fleckchen hier oben mitten in der Stadt. So richtig zur inneren Sammlung", sage ich. „Man hört kaum was von dem Verkehr."

„Sammlung", brummt der Mann vor sich hin, ohne zur

Seite zu sehen. – *Nicht sehr zugänglich, mein Sitznachbar,* denke ich, und mache einen neuen Anlauf: „Ein oder zwei Wochen, dann ist das ganze Buschwerk hier grün. Da geht einem das Herz auf. Man kann fast zugucken, wie alles wächst nach ein paar Tagen Sonne."

„Hm", sagt er, „zugucken", und sieht auf seinen Plastikbeutel. Nach einer Weile ergänzt er: „Viel zu schnell geht das."

„Zu schnell?" Ich sehe ihn fragend an.

Er nickt. „Das wächst hier alles viel zu schnell."

„Wieso zu schnell?", frage ich verwundert. „Mir kann es nicht schnell genug gehen. Vor allem so mitten in der Stadt, wo man sonst nur auf Pflaster tritt."

Sein Gesicht verzieht sich unter den grauen Bartstoppeln zu einem Grinsen. „Bei mir ist das anders", sagt er. „Für mich ist es besser, wenn man den nackten Boden noch sehen kann, so ohne das ganze Unkraut. Vor allem oben auf'm Hohenstein."

Ich sehe ihn verwundert an. Er zieht die Backen breit. „Ich hab nix gegen dies Kraut da oben oder auch hier. Is' ja ganz schön. Aber wenn das Unterholz und das ganze Gestrüpp gewachsen sind, seh ich nicht mehr, was so alles rumliegt."

Ich will etwas sagen. Mein Mund klappt wieder zu.

„Ich muss da jetzt noch rauf", sagt er, „am Hammerteich lang, rauf auf'n Hohenstein." Er schaut auf die Uhr. „Immer montags ist da am meisten zu finden. Am Wochenende schmeißen die Völker alles Zeug so in die Gegend. Leere Dosen und Flaschen, Plastik oder Glas, jede Menge Fundstücke. Und immer schön zwei, drei Meter neben den Weg. Zum Glück verstecken die das nicht weiter rein im Wald. Extra für mich machen die das, glaub ich. Da hab ich's einfacher mit dem Einsammeln. Nur am Hammerteich, da ist's nicht leicht. Da musste oft die Brocken aussem Wasser fischen." Er grinst aus seinen Bartstoppeln. „Aber erstmal muss ich jetzt den Beutel leer machen." Er steht auf und greift zu der Plastiktüte neben der Bank. Es scheppert.

„Das find' ich prima," sage ich, „überall das Zeug aufsammeln, was die Menschen so rumschmeißen. Und jetzt geht's damit zu dem Supermarkt da hinten?"

Ein breites Grinsen fliegt über sein Gesicht. „Zum Supermarkt. Na, klar! Und dann ...", er macht zwei Schritte, bleibt stehen und wendet sich halb zu mir um. Sein Blick geht an mir vorbei. „... und dann geht der ganze Müll nach Afrika. Die wühlen dann da drin rum." Er schlurft weiter. Ich sehe der bunten Wollmütze nach.

Schlank in den Frühling

Werner Siepler

Obwohl sich der Winter schon recht bald verzieht,
man bei manchen noch reichlich Winterspeck sieht.
Dieser sollte möglichst rasch verschwunden sein,
schließlich stellt sich allmählich der Frühling ein.

Drum versucht's mancher mit der Turbo-Diät,
deshalb Körner-Kost auf dem Speiseplan steht.
Doch der Winterspeck sich schwer bekämpfen lässt
und erst recht nicht so kurz vor dem Osterfest.

Außerdem wird von Körner-Kost kein Mensch satt,
ständiger Hunger stets die Oberhand hat.
Der Winterspeck sich nicht merkbar reduziert,
bis zum Frühlingsbeginn nicht verschwinden wird.

Aber den Frühling niemand aufhalten kann.
So strebt er im Nu des Winters Erbe an.
Dieser sagt „Ade" mit seiner Frau Holle
und der Winterspeck wird zur Frühlingsrolle.

Frühe Ling-Dynastie

Margot Lamers-Zigan

Vorboten liefern Kalender
Titel Artikel:
April, April
Tanzt im schwingenden Glockenrock
Voller Schneetau
An Ostern zu Berge
Läuten Schneeglöckchen bis Mai
Käfer zu Marien erblühen
In voller Pracht
Bestäubt und tautropfig
Ganz grün vor Hoffnung
SaBiene, die Schlampe
Hat noch andere Blumen
In ihrem Leben
Himmel!
Amsel, Drossel und Fink
Um nur die Stars beim Namen zu nennen
Sowie anderes Gevögel
Erwachen
Und zwitschern sich einen
Flanieren trunken die Promenade entlang
Sehen und Gesehen werden
Wankelmütige Weiber wälzen wirre

Wortwendungen
Herr Kules lässt die Muskeln spielen
Strahlen sich was
Von den Knospen abknapsend
Tief greift der frühe Ling
In die Grabbelkiste der Gefühle
Das alles geschieht
Am helllichten Tag
Wenigstens kneifen wir alle
Unter derselben Sonne die Augen zu
Büttenreden voller Stilblüten
April? Die weiß nicht, was ich will.

Stanislaws zweiter Frühling

Monika Heil

Stanislaw war der größte und bestaussehende Kater im ganzen Viertel. Wenn er langsam und würdevoll durch die kleinen Dorfgassen spazierte, bekam so manche Katzendame leuchtende Augen. Egal, wie alt sie sein mochte. Doch Stanislaw kam in die Jahre. Früher, ja, da hatte er jede Menge Freundinnen gehabt – oft mehrere auf einmal. Stanislaw, der größte Schürzenjäger weit und breit! Leicht hatte es Mimi, seine schüchterne, unscheinbare Katzenfrau nie mit ihm gehabt. Seit ein paar Monaten war Stanislaw verwitwet. Er trauerte ehrlich um seine Gefährtin und zog sich immer mehr aus dem öffentlichen Katzenleben zurück. Bis – ja, bis eine neue Menschenfamilie in das kleine Haus auf der anderen Straßenseite einzog und mit ihr eine Katzenschönheit, die ihn völlig aus der Bahn warf.

An einem hellen Frühlingsmorgen hatte der alte Kater einen Spaziergang unternommen und nun ruhte er sich auf seinem Lieblingsplatz im Garten aus. Die ersten Sonnenstrahlen wärmten seine Knochen, die inzwischen leichte Anzeichen von Gicht aufwiesen. Ganz vorsichtig streckte er seine steifen Glieder und putzte sein schönes weiches Fell, denn auf ein ansprechendes Äußeres legte er noch immer größten Wert. Wie jeden Tag dachte er voller Sehnsucht an Mimi, seine mausgraue liebe Mimi.

Plötzlich fiel sein Blick auf das gegenüberliegende Fenster und dort saß ... sie! Eine jugendliche Schönheit, deren schwarzes Fell glänzte wie flüssiger Teer. Ihre Augen erinnerten an polierten Bernstein. Und dann dieses allerliebste Stupsnäschen! Stanislaw schloss die Augen, um sie sofort wieder zu öffnen. Sie saß noch immer dort. Träumte er? Vorsichtig zwickte er seinen schönen buschigen Katzenschwanz – aua. Es war kein Traum! Sein Herz klopfte rasend. Verschüttete Gefühle brachen sich Bahn und weckten Erinnerungen an längst vergangene Jugendzeiten. Seine Gedanken stürmten einfach los. Er sehnte sich nach Liebe. Nur noch ein einziges Mal.

Stanislaw atmete tief ein und aus. Er versuchte, sich so graziös wie möglich zu erheben, und lief auf lautlosen Wattepfoten in Richtung dieses bezaubernden Wesens. Autoreifen quietschen, Bremsen stöhnten. Er hörte es nicht. Wie hypnotisiert trieb ihn die Sehnsucht nach dieser Traumgestalt vorwärts.

Unverletzt erreichte er das gegenüberliegende Haus. Doch das Fenster lag zu hoch. Er konnte dieses göttliche Katzenwesen jetzt nicht mehr sehen. Stanislaw zögerte keine Sekunde. Mutig setzte er zum Sprung auf die weiße Bank unter dem Fenster an, ein weiterer Satz auf die schmale Lehne – vergessen waren alle Gebrechen! Verstört stellte der Kater fest, dass er von dem Fensterbrett und damit von der Angebeteten noch immer zu weit entfernt war. Seine Gefühle überfluteten ihn, trieben ihn unaufhaltsam weiter. Neben der Bank wuchs ein üppiger Fliederstrauch. Stanislaw sprang. Sein Adrenalin-Spiegel stieg bedrohlich an. Ihm wurde schwindelig. Er krallte sich am Gehölz fest, visierte das endlich in erreichbarer Weite scheinende Fensterbrett an. Todesmutig katapultierte er sich durch die Luft und landete punktgenau auf dem Fenstersims. Wellen der Erschöpfung überrollten ihn. Er ignorierte es, denn er sah nur sie. Erst jetzt bemerkte er, dass das Fenster geöffnet war. Der Weg war frei! Stanislaw konnte es nicht fassen.

Langsam hob er die rechte Pfote an. Ganz sanft wollte er der Schönen über das weiche Fell streicheln, da! Er erstarrte! Das war kein Katzenfell, das waren keine lebendigen Katzenaugen! Entsetzt und beschämt erkannte er, dass er sich in das Stofftier eines kleinen Mädchens verliebt hatte.

Vorsichtig schaute Stanislaw sich um. Offenbar hatte niemand seinen Annäherungsversuch beobachtet. Langsam sprang er vom Fenstersims. Oh, diese Knochen! Plötzlich fühlte er sich wieder so alt wie er war. Er hatte nur wenige Minuten gedauert, sein zweiter Frühling.

Kleine Ode an den Frühling

Stefan Haberl

Die Sonne scheint, die Luft ist lau,
der Himmel strahlt in hellem Blau.
Und überall dort auf den Wiesen,
fangen Blumen an zu sprießen.

Die Bienen fangen an zu tollen,
Mir juckt die Nas' – verflixte Pollen!
Der Frühling kommt hervorgekrochen,
Autsch! Bienen haben mich gestochen.

Und tut es weh, is's halb so wild,
wenn Frühling die Natur erfüllt.

Frühlingsfeuer

Ingeborg Henrichs

Frühlingsfeuer schmelzen Winterherzen
Seelenfrost taut ab
Fließt, noch müde, mit
In neu erwachter Lebensglut
Hin zu den süßen Sommerfreuden
Und zu Herbstes Zeiten der Vollendung.

Ach, wie gut die Natur uns doch einfach tut,
Schenkt her immer wieder diesen frischen Mut.
Aus erwachsend Grün der Hoffnung
Ausgebreitet einem Teppich gleich
Der schützt und wärmt und leitet.

Frühlingsfeuer schmelzen Winterherzen
Seelenfrost taut ab
Fließt weise wissend weiter
In den ewigen großen Kreis Lauf

Frühlingsmelodie der Amsel ...

Helga Licher

Nun will der Lenz uns grüßen,
von Mittag weht es lau;
aus allen Wiesen sprießen
die Blumen rot und blau.

Dieses alte Volkslied mit dem Text von Karl Ströse kommt mir in den Sinn, während ich dem Amselpärchen zuschaue, dass in unserem Kirschbaum sein Nest baut. Heute Morgen waren sie plötzlich da. Nun wird es nicht mehr lange dauern, und der Amselnachwuchs hüpft über unseren Rasen, immer auf der Suche nach einer leckeren Mahlzeit. Fasziniert beobachte ich, mit welchem Eifer das Pärchen den Nestbau vorantreibt. Nur selten gehen sie gemeinsam auf Nahrungssuche.

Unerwartet beginnt das Amselweibchen zu singen. Ihr Lied ist nur kurz, aber der Gesang lässt alle Geräusche in der Umgebung verstummen. Genau so plötzlich, wie das Lied der Amsel erklang, bricht es auch wieder ab. Das lange Warten hat ein Ende. Der Winter hat sich verabschiedet, und der Frühling hält Einzug. Die Tage werden länger und wärmer.

Meine Gedanken wandern zurück in meine Kindheit ...
Ich erinnere mich an das Schwalbennest hoch oben, unter

dem Dach des alten Hauses meiner Eltern. Klein und hilflos waren die Schwalben und wurden von dem Schwalbenpaar gewissenhaft auf das große Abenteuer vorbereitet. Sie lernten fliegen ...

Nach einigen Flugstunden, liebevoll von den Vogeleltern begleitet, ging es irgendwann auf und davon – in die große weite Welt. Sie flogen fort und kamen nie zurück ...

Mein Blick wandert wieder hin zum Kirschbaum. Niemand weiß genau wann dieser Baum gepflanzt wurde. Er stand bereits auf dem Grundstück, als mein Vater vor vielen Jahren unser Haus dort baute. Die knorrigen Zweige reichen bis zum Dach des Hauses hinauf und geben dem Baum ein gespenstisches Aussehen. Besonders in den Abendstunden, wenn das Licht der untergehenden Sonne sich golden auf das Dach des Hauses legt und lange Schatten an die Hauswand wirft, träumte ich als Kind vom nahenden Frühling.

Ich erinnere mich an harte, kalte Winter. Die Äste der Bäume in unserem Garten waren mit einer dicken Eisschicht bedeckt. Aus ihnen war jegliches Leben gewichen. So ein Winter kann für ein Kirschbäumchen sehr lang sein. Aber irgendwann, wenn sich das erste zarte Grün im Frühjahr zeigt, erwacht die Natur zu neuem Leben. So auch unser Kirschbaum ...

Pünktlich zum Beginn des Frühlings hat er sein grünes Kleid angelegt. Bald werden die ersten zarten Knospen sprießen. Sie werden verblühen und prallen süßen Kirschen Platz machen.

Der Duft der Hyazinthen streichelt meine Nase. Ich habe

sie vermisst, die kleinen Primelchen, die ihre bunten Blüten
der Sonne entgegenstrecken.

Draus wob die braune Heide
sich ein Gewand gar fein
und lädt im Festtagskleide
zum Maientanze ein ...

Leise summe ich das alte Lied, während ich mich auf die
Bank am Fliederbusch setze. Tief atme ich den Duft der
Blüten ein, der meine Sinne berauscht.

Unser Amsel-Pärchen fühlt sich inzwischen in unserem
Kirschbaum sehr wohl und bereitet sich auf Familien-
zuwachs vor. Und ich,- ich habe den Wohlgeruch von
Frühling und leckerem Kirschkuchen in der Nase ...

An der Weser

Viktoria Adam

Am hellblau gefärbten Sonntag
fährt ein Fahrrad rasch vorbei.
Kleine Boote dümpeln heiter
auf der Weser nebenbei.

Voller Menschen strahlt das Ufer,
frühlingsfrisch wird heut flaniert.
Grüne Bäume werfen Schatten,
langsam wird entlang spaziert.

Rotbraun leuchten hier die Häuser,
staunen an des Weges Rand.
Bläulich glitzert die Laterne,
wie die Welln am Weserstrand.

Fröhlich klatschen sie an Schiffe,
an den schmalen, weißen Steg.
Und im Lichte strahlt die Schlachte –
dorthin führt er hin, mein Weg.

Winter, ade

Kathinka Reusswig

Das Frühjahr kommt, der Winter geht,
die Vögel singen, die Freude lebt.
Die Bäume sprießen, die Blumen blühen,
die Wiesen leuchten, die Herzen glühen.

Ich atme tief, des Frühlings Duft,
sie tut so gut, die frische Luft.
Der Wind weht sanft, ich fühl mich leicht,
die Sorgen schwinden, die Zeit verstreicht.

Die Welt erstrahlt, es wird nun warm,
die Natur erwacht, in ihrem Charme.
Der Frühling wirkt, welch eine Wonne,
sanfte Wärme, schenkt die Sonne.

Im Land der Gartenzwerge

Ulrike Müller

Anfang April begann die schönste Zeit im Leben der Gartenzwerge. Endlich wurden sie von ihren Besitzern aus den feuchten, nach Moder riechenden Schuppen, den unzugänglichen Kellerecken oder dunklen Kisten geholt und durften ihren luftigen Platz im Garten einnehmen.

Während die meisten von ihnen von Spinnweben und Schmutz befreit wurden, erhielten andere einen neuen Anstrich. Schürzen, Stiefelchen, Gartengeräte, Fliegenpilze und andere Habseligkeiten, die die Zwerge mit sich trugen, wurden in bunten Farben aufgehübscht, ihre Zipfelmützen mit frischer roter Farbe bemalt.

Auch Tommi, der größte Lausbub unter den Zwergen, jauchzte in den höchsten Tönen, als ihn Eva Bach aus dem muffigen Kellerverließ holte. Die alte Dame hatte jede Menge dieser hübschen Gartenaufsteller, doch Tommi gefiel ihr am besten. Auf seiner Nasenspitze trug er eine dunkle Sonnenbrille, und mit seinen meeresblauen Augen lugte er spitzbübisch über den Brillenrand.

Mit einem weichen Tuch wischte Eva die Spinnweben von Tommis blauer Kittelschürze. Seine rote Zipfelmütze, die schwarzen Stiefelchen und die gelbe Gießkanne, die er in der rechten Hand trug – alles war in einwandfreiem Zustand. Zufrieden stellte ihn Eva in ihren Vorgarten mitten hinein ins Blumenbeet. Tommi strahlte wie ein Honigkuchenpferd. Endlich war er wieder umgeben von Blütenduft und sattem Grün. Über die Wintermonate war er sehr traurig und einsam geworden. Eingesperrt im engen und lichtlosen Karton wurde er von niemandem beachtet. Im Sommer hatte er täglich viele Bewunderer gehabt: Menschen, die ihm auf dem Weg zur Arbeit zulächelten, Kinder, die vor ihm stehen blieben und ihn anhimmelten.

So starr und steif die Zwerge tagsüber in den Gärten standen, Punkt Mitternacht wurden sie quicklebendig. Gemeinsam marschierten sie zur Waldlichtung hinauf. Dort tanzten, lachten und feierten sie so lange, bis die ersten Sonnenstrahlen über den Berg blitzten. Dann kehrten sie fröhlich in ihre Vorgärten, auf Terrassen und Balkone zurück, stellten sich auf ihren gewohnten Platz und fielen hundemüde in Trance. Und in dieser Pose verharrten sie für den Rest des Tages.

In der ersten Nacht wollte Tommi alles nachholen, was er die letzten Monate versäumt hatte, und trieb es allzu bunt. Bei Tagesanbruch stellten sich alle Zwerge in Reih und Glied zum Abmarsch bereit, nur Tommi sträubte sich.

Flora, die ihr blütenweißes Kleid trug, redete Tommi gut zu, und Milan, der auf seinem blauen Motorrad saß, bot Tommi den Rücksitz an. Auch Heinrich, der älteste und weiseste unter den Zwergen, versuchte Tommi zu überreden, sich in seine große Schubkarre zu setzen, doch er lehnte ab und blieb.

Indes traten die anderen Zwerge ihren Heimweg an, und Fiona und Amelie leuchteten ihn mit ihren flackernden

Laternen aus. Tommi jedoch tanzte ausgelassen, bis die Kirchturmglocke fünf Mal schlug.

Jetzt musste er sich sputen! So schnell er konnte, rannte er die Straße entlang. Ein paar Mal bog er nach links und nach rechts, doch nirgends stand das Haus der alten Dame. Tommi suchte und suchte, bis er es schließlich fand. Erschöpft stellte er sich in das Blumenbeet.

Ganz außer Puste war Tommi, seine Wangen waren dunkelrot verfärbt, und im Eifer hatte sich seine Sonnenbrille verschoben. Schnell rückte er sie zurecht, öffnete seine Lippen und setzte seinen lausbübischsten Blick auf. Und mit diesem Gesichtsausdruck erstarrte er.

Gerade noch rechtzeitig! Denn schon trippelten die ersten Frühaufsteher vorbei, lächelten ihn an und gingen ihres Weges. Auch ein kleiner Junge schlenderte mit seiner Mutter am Vorgarten vorbei. Freudig blieb er vor Tommi stehen und schaute ihn bewundernd an. „Mutti, der Zwerg hat aber rote Wangen!", sagte er und grinste.

Jetzt erkannte Tommi den Jungen. Natürlich, das war doch Max! Max war im letzten Sommer einer seiner größten Verehrer gewesen. Tommi staunte. Wie groß der Junge über die Wintermonate geworden war! Er freute sich unbändig, dass Max ihn immer noch bestaunte! Als Max nicht aufhören konnte, ihn anzustarren, zwinkerte Tommi ihm zu.

„Mutti, der Zwerg hat mir zugezwinkert!", verkündete Max.

„Was redest du da für einen Unsinn, Max?", entgegnete die Mutter. „Zwerge können doch nicht zwinkern!" Und sie schaute erst ihren Sohn, dann Tommi ungläubig an. Max war sich sicher, dass er sich nicht getäuscht hatte.

„Beeil dich, Max! Du kommst noch zu spät zur Schule!", sagte die Mutter und zog Max an der Hand mit sich.

Noch einmal drehte sich der Junge um ... und sah, wie ihm der Zwerg erneut zuzwinkerte. Und dieses Mal hob er sogar seine Hand zum Gruß und winkte Max überschwänglich nach!

Momentaufnahme

Andrea Tillmanns

Am efeubewachten Mauerfuß
schimmert schwarz-braun geschuppt
das Tier in der Sonne.

Eidechsenflecken durcheilen Sonnensprenkel
zwischen stetem Grün
und verharren erneut:

In der Luft liegt schon
das Versprechen von Wärme.

Die Liebe, die ich wieder traf

Tommy Sonntag

Es leget sich der Nebel schnell
Und Sonne ist heimgekehrt
In hastig, fröhlich, stumm und grell
Im feinen Staube leer

Ein Dunkel strich durch meine Haut
Ich konnte nicht erkennen
Das wie im sanften Wintertraum
Die Glut mich nicht verbrennen

Klar legt sie sich auf meine Haut
Die einst zu Eis gefroren
Und nimmt mich an der Hande mit
Zu bunten Frühlingstoren

Die alte Holzbank

Jennifer Sauerwald

Mit der Zeit würde es besser werden, hatten sie gesagt. Doch das war es nicht. Stattdessen war es erst einmal schlimmer geworden. Klara erinnerte sich noch viel zu genau an den Moment, an dem es passiert war. An dem ihr geliebter Georg gegangen und nie wieder zurückgekehrt war. Sein Herz hatte von einer Sekunde auf die andere aufgehört zu schlagen und das Licht in seinen Augen zum Erlöschen gebracht. Einfach so. Der Glanz darin war plötzlich verschwunden. Zurück blieb nur ein grauer Schleier. Von diesem Moment an ging alles bergab. Mit ihr. Mit allem.

Schon kurz nach Georgs Tod, konnte sie nicht mehr schlafen. Die Bilder, wenn sich ihre Augen schlossen, waren zu viel für sie. Sie konnte nicht essen, sie wollte niemanden sehen. Klara zog sich mehr und mehr zurück und versuchte irgendwie mit dem Gedanken fertig zu werden, dass ihr Mann für immer verschwunden war. Doch ihr Körper rebellierte schnell, denn Klara war noch nie besonders widerstandsfähig. Sie war ohnehin schon zu dünn und zu oft krank.

Drei Wochen nach Georgs Beerdigung hatte sie ihren ersten Zusammenbruch. Weitere vier Wochen später den zweiten. Ihre Schwester Luise hatte sie beide Male auf dem Fußboden liegend gefunden und den Krankenwagen gerufen. Die Ärzte im Krankenhaus sagten Klara jedes Mal, dass sie über ihre Trauer sprechen müsse, dass sie sich jemandem anvertrauen sollte. Doch das konnte Klara nicht. Und wollte es auch nicht. Stattdessen beschloss sie, zum Grab ihres lieben Georgs zu fahren und mit diesem zu reden.

Es waren bereits vier Monate vergangen. Die tristen Wintermonate hatte Klara beinahe hinter sich gelassen, doch ihre Stimmung hatte sich nicht gebessert. Auch die täglichen Besuche bei Georg hatten bisher nicht geholfen. Nein, das Leben fiel ihr immer noch unendlich schwer. Jede noch so kleine Sache war eine Herausforderung. Sie stellte sich ihnen, doch es kostete Kraft. Mehr, als sie aufbringen konnte. Trotzdem tat sie es – für ihn, ihren geliebten Georg – denn sie hatte ihm versprechen müssen, dass sie weitermachen würde. Kämpfe, für sich, für ihr Leben. Klara hatte damals schon geahnt, wie schwierig das werden würde. So war es im Grunde auch nicht überraschend für sie, wie hart die vergangenen Monate tatsächlich gewesen waren.

Die ersten zaghaften Sonnenstrahlen an diesem Tag hatten die zerschlissene Holzbank, auf der Klara saß, erreicht. Sie hielt das Gesicht einen Moment in das wärmende Licht, doch sie konnte es nicht genießen. Wie immer war viel zu viel Trubel auf dem Städtischen Friedhof. Statt Ruhe und Frieden glich der Friedhof vielmehr einem Supermarkt. Menschen strömten auf das Stück Grün, wuselten herum, packten, sortierten und verschwanden schließlich wieder. So ging es immer. Egal zu welcher Zeit Klara am Grab ihres verstorbenen Mannes saß. Von Zweisamkeit oder Privatsphäre konnte da keine Rede sein und das, obwohl Klara doch einfach nur in Georgs Nähe sein und von ihrem Tag erzählen wollte. Doch es war nicht zu ändern, also kniff sie auch an diesem Tag die Augen fest zusammen und versuchte die Geräusche um sich herum so gut es ging zu verdrängen.

„Hm hm", räusperte es plötzlich neben ihr.

Klara ignorierte den Laut zunächst.

„Äh, Entschuldigung?", fragte es jedoch neben ihr.

Innerlich seufzend öffnete Klara die Augen und wandte sich der Person zu, die sie angesprochen hatte. Vor ihr stand ein groß gewachsener Mann, muskulös gebaut, mit dunklen Haaren und Dreitagebart. Vor sich trug er einen Pappkarton. *Sieht der gut aus,* schoss es Klara durch den Kopf. Doch diesen Gedanken verwarf sie sofort wieder.

„Darf ich mich dazusetzen?"

Klara nickte widerwillig. Eigentlich wollte sie mit ihrem Mann alleine sein, aber das konnte sie ja schlecht sagen.

„Ist das ihr Angehöriger?", fragte der Mann unvermittelt.

Klara wusste nicht was sie von seiner direkten Art halten sollte, doch die Höflichkeit gebot es zu antworten, also nickte sie. „Mein Ehemann."

Der Mann neben ihr nickte ebenfalls. „Meine Frau liegt da drüben." Er zeigte auf eine Stelle, die nur ein paar Gräber weiter entfernt war.

„Oh", entfuhr es Klara. Damit hatte sie nicht gerechnet.

„Sie ist vor einem halben Jahr gestorben. Krebs. Seitdem komme ich jeden Tag hier her." Entschuldigend zuckte er mit den Schultern, doch für Klara hörte sich das nicht seltsam an. Nein, sie verstand es nur zu gut. „Ich bin Paul", sagte der Mann, nachdem er und Klara sich eine Weile unterhalten hatten und hielt ihr die Hand hin.

„Klara", gab sie zurück und schüttelte Pauls ausgestreckte Hand. „Was ist das da eigentlich alles?"

Paul grinste. „Blumensamen. Ich wollte heute ein paar Schalen bepflanzen." Er deutete auf den Inhalt des Kartons.

Klara erspähte Keramikschalen, Blumenerde und ein paar Papiertütchen.

„Willst du auch?", fragte er plötzlich.

Klara wusste nicht so recht was sie antworten sollte, doch schließlich nickte sie – mit ihrem Mann würde sie, solange Paul neben ihr saß, ohnehin nicht reden können – und beide machten sich daran, die Utensilien aus der Pappschachtel zu holen.

„Ich bin gespannt, wie es aussieht, wenn sie blühen", sagte Paul, nachdem sie die Schalen auf den Gräbern abgestellt und sich wieder auf die Bank gesetzt hatten.

„Wie lange dauert das?"

Paul zuckte mit den Schultern. „Das müssen wir wohl herausfinden – sehen wir uns morgen wieder hier?"

Klara nickte. Sie würde da sein.

Wie sie es verabredet hatten, trafen sich Klara und Paul am nächsten Tag an der alten Holzbank. Das taten sie auch am übernächsten, am überübernächsten und an den Tagen danach.

Als Klara ein paar Wochen später wieder vor dem Grab ihres Mannes stand, sah sie es plötzlich: die Knospe an dem feinen grünen Stängel hatte sich endlich geöffnet. Lange hatten sie darauf gewartet, doch nun war die Sonne kraftvoll genug gewesen, um die kleine Blüte zum Öffnen zu bringen. Vor ihr breiteten sich nun zartgelbe Blütenblätter aus. Klara wollte sie gerade berühren, doch dann blickte sie von der Pflanze auf. Als hätte sie ihn gespürt, entdeckte sie Paul, der auf sie zu geschlendert kam, und ihr zuwinkte.

Klara musste lächeln, als sie ihn sah und ein warmes Gefühl begann, sich in ihrem Bauch auszubreiten. Und dann wurde ihr mit einem Schlag klar, dass nun eine neue Zeit anbrechen würde. Die grauen Tage waren endlich vorüber.

Querulant

Renate Düpmann

Blühte ein Maiglöckchen im April
darf das machen was es will
kann es sich nicht an Regeln halten
müssen wir auch noch die Blumen verwalten
es kann doch nicht machen was es will
das wäre doch wohl gelacht

Dem Maiglöckchen ist das alles egal
es wollte blühen, einfach so
ich kann es gut verstehen
ein eigener Wille stimmt froh

Scheu regt sich der Frühling

Petra Semler

Der Frühling regt sich scheu
Als wäre alles für ihn neu
Muss er jedes Jahr wieder neu lernen
Wie es ist, den Winter zu entfernen?

Ich habe eigentlich gedacht
Das hat er schon so oft gemacht
Oder will er sich neu erfinden?
Hat er Angst, sich fest zu binden?

Heute verwehrt er uns das Glück
Er zieht sich ins Irgendwo zurück
Plötzlich ist er ganz weit weg
An einem schöneren Fleck?

Vielleicht ist er auf den Balearen
In der Türkei oder auf den Kanaren?
Ganz egal, was auch immer
Es gibt einen Hoffnungsschimmer:

Bisher hat der Winter stets den Frühling gebracht
So sicher wie das Funkeln der Sterne in der Nacht

Tanz der Herzen

Sandra Pfändler

Noch ist Winter. Zeit der Entschleunigung. Zeit aber auch der Eintönigkeit. Grau in Grau liegt die Landschaft vor dem Fenster, mitunter weiß. Kunterbunt wär mir lieber. Doch was soll ich sagen? Weiß mag ich auch.

Oftmals, wenn der Himmel das Land unter eine weiche Schneedecke bettet, kehrt Stille ein, innere Ruhe, Frieden. Das Leben und Hasten, Sehnen und Streben halten Rast. Doch nicht nur. Leider. Eiseskälte lässt Bäche, Weiher und Herzen gefrieren. Bisweilen auch mich. Einsamkeit beherrscht die Welt und ihre Menschen.

Wie viele geh auch ich meinen Weg allein, beständig weiter, immer weiter, durch Kälte und Eis, grau und weiß. Schritt für Schritt dem Leben entgegen, fällt die Resignation von mir ab, Hoffnung, Freude, Fröhlichkeit durchflutet meine Seele wie ein beruhigender Fluss. Langsam, stetig, mache ich mich auf die Suche nach Sonne, Licht, nach dem einen verzaubernden Lächeln, nach funkelnden Augen, einem leuchtenden Gesicht, zwei zärtlichen Händen, berührenden Armen. Langsam, stetig, bin ich auf der Suche nach dir.

Die Farben in meinem Kopf malen ein Bild von dir. Ich stelle mir vor, wer du bist. Wie du bist. Doch nicht nur. Leider. Fragen über Fragen schieben sich wie Wolken vor den erwachenden Sonnenglanz in meinem Herzen. Wo bist du, Geliebter? Existierst du? In meiner Fantasie nur oder darüber hinaus? Sage mir: Wo finde ich dich?

Mit zaghaft kleinen Schritten, Tag für Tag nähert sich die Kälte der Wärme an, der Winter dem Frühling. Und ich mit ihnen. Zurückhaltend noch lugen die ersten Knospen des Lebens hinaus in die Weite. Blasse Farben tauchen das Land in schüchternes Erwachen. Der Gesang der Vögel hebt fröhlich die Sehnsucht empor, mein Verlangen nach dir. Unsicher noch, doch mit wachsend festerem Tritt breitet sich die Zuversicht aus. Das Leben steht auf. Die Welt beginnt zu strahlen, Farben werden satter, bunter. Wie die Tiere aus ihrem Winterschlaf stehen Blumen, Blätter, Gräser auf und heißen zarte Gefühle herzlich willkommen. Auch mich.

Ich lasse los, lege mich vertrauensvoll in den Lenz, gebe mich der Heiterkeit hin. Der duldsame Wind trägt mich fort, wie an einen anderen Ort. Leichtfüßig ist mein Gang, beschwingt mein Gemüt. Und dann: Unverhofft. Unerwartet. Überwältigend. Stehst du vor mir. Du, der du in der Kälte des Winters in meiner Fantasie Gestalt annahmst, stellst dich mitten in die beflügelte Musik des Frühlings. Unerklärbar wirklich. Unvorstellbar nah. Unbeschreiblich schön. Die Blütezeit beginnt!

Zugetan suche ich deinen aufblühenden Blick. Behutsam erwidere ich dein sinnliches Lächeln. Wachsam strecke ich meine Hände nach dir aus. Die Spitzen meiner Finger berühren die Kraft. Über ein Meer von Tausendschön, schwebe ich hin zu dir.

Unbeirrt sammelst du die erfrorenen Teile von mir auf.
Sacht, ganz sacht umfängt mich deine Liebe, wärmt mich,
heilt mich.
Unermüdlich singen die Vögel ihr Lied. Liebevoll ent-
falten die Blumen ihr Kleid. Innig dreht sich bunte Vielfalt
im Kreis. Mit ihnen auch wir. Unsere Herzen im Tanz.

Sieger und Verlierer

Andreas Rucks

Der Frühling zeigt sich schon,
bringt kleine, weiße Blüten,
doch der Winter will nicht geh'n,
möchte weiter wüten.

Die Tage gehen schnell ins Land,
die Sonne taut an jedem Ort
das harte Erdreich auf,
treibt Eis und Minusgrade fort.

Hoffnungsvolle Frühlingszeit

Hannes Klemmer (14 Jahre)

Die Tage werden wieder länger,
der Winter vergeht.
Nun braucht man wieder Rasensprenger
Und jemand der die Wiese mäht.

Die Bäume fangen an zu blühen,
die Sonne kommt zurück.
Am Horizont, sie scheint zu glühen,
der Frühling ist des Lebensglück.

Der Wald beginnt erneut zu leben,
die Vögel kehren heim.
Am Firmament sie wieder schweben,
wie ein leiser Hoffnungsschein.

Die Frühlingszeit, ja eins ist klar,
es ist die schönste Zeit im Jahr.

„Du hast ja eine Meise!"

Ulrike Müller

Auf der kleinen hölzernen Terrasse unseres Gartenhäuschens hatte sich seit Herbst jede Menge Gerümpel angesammelt. Höchste Zeit, es wieder zu dem zu machen, was es im Sommer für mich war: ein Ort der Stille, an dem ich mich zum Lesen zurückzog oder mich von der Gartenarbeit ausruhte.

Beschwingt fing ich an, Tontöpfe, Hölzer und Eimer wegzuräumen, die wild durcheinander lagen. Auch das hölzerne Vogelhäuschen, das den Winter über auf der Gartenbank gestanden hatte, sollte einen sinnvollen Platz bekommen.

Gedankenverloren öffnete ich das Türchen des Nistkastens und ich erschrak: Drei winzige Piepmätze streckten mir ihre zarten Hälse und Schnäbelchen entgegen! Leben inmitten dieser Gartenbank – ein ergreifender Moment! Behutsam drückte ich das Türchen zu. Die frisch geschlüpften Vögelchen sollten ungestört bleiben, meine Aufräumaktion konnte warten.

Der Vogelnachwuchs ließ mich nicht mehr los. Neugierig lauschte und beobachtete ich täglich, was sich hinter dem Guckloch abspielte, sah, wie die Kleinen ihre Hälse der Sonne entgegenstreckten, hörte, wie ihr Zwitschern und Rufen mit jedem Tag lauter wurde.

Wieder hatte ich Glück und durfte beobachten, wie eine Blaumeise angeflogen kam und sich auf das Gebälk unseres Gartenhäuschens setzte. Ich war besonders aufmerksam und verhielt mich ruhig. Auch der zierliche Vogel, der in seinem Schnabel eine Raupe oder Spinne festhielt, beobachtete mich mit Argusaugen. Endlich, als das Gezwitscher der Kleinen drinnen immer lauter wurde, zwängte sich die Meise durchs Guckloch. Geduldig wartete ich, bis sie das Vogelhäuschen mit leerem Schnabel wieder verließ und sah ihr fröhlich hinterher.

Nach einer Woche waren die Stimmen der Vögelchen noch kräftiger geworden. Wie lange würde es wohl noch dauern, bis sie ihr Nest verließen? Eine Woge der Liebe überkam mich, als ich an unsere Kinder dachte, die langsam aber sicher flügge wurden. Würde es mir schwerfallen, sie ins Leben zu *entlassen,* sie einfach loszulassen?

Unwillkürlich musste ich schmunzeln: „Du hast ja eine Meise!"

Nein, genau genommen sind es drei – und diese Geschöpfe faszinieren mich! Immer wenn ich in unserem Garten dieses Naturschauspiel beobachtete, erlebte ich intensive Glücksgefühle.

So ist der Frühling

Katrin Streeck

Bling-Bling und eitel Sonnenschein.
Es läutet sich der Frühling ein.
Ein jeder spürt die Säfte steigen.
Die Natur tanzt den Lebensreigen.

Ob Mensch, ob Tier, die Pflanzen auch,
es hält sich jeder an den Brauch.
Es wird geflirtet und geblüht,
das Nest gebaut und sich bemüht,

durch Farbe, Glanz und Gloria,
Lieder, Tanz, Harmonia,
sich einen Partner zu erküren,
Männchen und Weibchen zu verführen.

Sodann sich fröhlich zu vermehren,
um des Lebens Sinn zu ehren.
Wenn dieses Lied zu Ende geht,
folgt Plackerei von früh bis spät.

Wochen, Monate, beim Menschen Jahre,
frisst uns die Brut vom Kopf die Haare.
Das endet nie, das hört nie auf.
Das ist und bleibt des Lebens Lauf.

Maitag

Edda Gutsche

Was für ein Tag – blaugrün
mit flirrendem Laub,
verführt von maßlosem Flieder.

Siehst du die weißen Lichter
der Kastanienalleen,
die aus dem Anfangslosen
in *uns* enden?

Nackt liegen wir
auf schwankendem Bootssteg.
Der Wind treibt unsere Kleider
wie bunte Segel über den See.

Am anderen Ufer Kiefern,
Stille. Und überall du. Und ich,
glücklich, dich zu lieben.

Blaues Band

Dieter Franke

Frühling lässt sein blaues Band
wieder flattern durch die Lüfte ...

Wohl jeder kennt dieses kleine Gedicht von Eduard Mörike. Bald feiert es seinen 100sten Geburtstag. Nur neun Zeilen, elegant als Kreuzreim geschrieben. Daran muss ich denken, als ich das Sprechzimmer meines Arztes verlasse. Frühling, das ist der Start in ein neues Jahr. Das ist Aufbruch, Neubeginn. Der Neujahrstag, den der Kalender vorschreibt, der ist schon lange vorbei, aber der liegt ja auch mitten im Winter. Die Tage davor sind genauso eintönig wie die danach. Stände der Tag nicht im Kalender, man könnte ihn kaum identifizieren. Nein, Frühling, das ist der wahre Neubeginn des Jahres, des Lebens.

Als der Herbst kam, da kam auch die Diagnose. Sie sah nicht gut aus. Nebel draußen, aber vor allem tiefer Nebel auch drinnen. Alles sah trübe aus. All das, was man sich für die Zeit nach der Arbeit vorgenommen hatte, all die Träume, für die jetzt die Zeit gekommen wäre, all das wird durch den einen Satz, ach, durch nur ein einzelnes Wort gecancelt, für immer komplett ausradiert. Die Perspektive, die es gerade noch gegeben hatte, verschwamm im Grau des Nebels. Operation, Therapie. Das übliche Prozedere bestimmte den Tagesablauf, die Wochenplanung, die Zeit. Das Grau des Herbstes überdauerte seine Kalenderzeit. Verband sich mit der Kälte des Winters. Wenig Sonne, viel Dunkelheit, viel Kälte, viel Nebel. Frühling, wo bist du? Wo bleibst du?

So ging der Herbst dahin, so folgte ihm der Winter. Auch bei diesen Jahreszeiten ist nie ganz sicher zu erkennen, wann die eine endet, wann die andere beginnt. Verwoben sind sie. Ein Übergang wie ein Reißverschluss. Hoffnung kommt, Zweifel auch. Sie wechseln sich ab, konkurrieren miteinander. Nur mühsam scheint sich schließlich einer durchzusetzen. So wie im Winter die Tage ganz langsam wieder länger werden, die Nacht zurückdrängen, so nimmt auch die Hoffnung ganz langsam zunehmend mehr Raum ein, drückt langsam die Zweifel zurück. So, wie Mörike schrieb:

Süße, wohlbekannte Düfte
streifen ahnungsvoll das Land.

Dann kamen die ersten Sonnenstrahlen. Durchbrachen den Nebel. So, wie das Schneeglöckchen die weiße Decke des Schnees durchbricht, Mut machen will, dem Winter die Stirn bietet und Optimismus verheißt, so kamen erste positive Signale.

Doch nicht gleich der Euphorie den Platz überlassen. Ein Schneeglöckchen macht noch keinen Frühling. Der nächste Frost kann schon morgen kommen. Anzeichen für Hoffnung. Und Hoffnung ist wichtig.

Veilchen träumen schon,

wollen balde kommen.

Und dann kommt der Tag, der die Zweifel ganz klein, fast unsichtbar werden lässt. Hoffnung erfährt eine Bestätigung, mutiert zur Gewissheit. Natürlich gibt es keine einhundert Prozent. Aber es gibt eine neue Perspektive. Alte Bucket-Listen können aus der Schublade geholt werden. Vielleicht müssen sie überarbeitet werden. Vielleicht das eine oder das andere streichen. Vielleicht auch etwas Neues einfügen. Die Reihenfolge aktualisieren, den neuen, veränderten Möglichkeiten anpassen. Egal. Wichtig ist nur, dass dies überhaupt wieder möglich ist.

Der Herbst ist vergangen, der nebelgraue Vorhang aufgerissen. Der Winter durchschritten. Tage sind wieder länger. Die Sonne zeigt sich wärmend oben am blauen Band.

Horch, von fern ein leiser Harfenton!

Frühling, ja du bist's!

Dich hab ich vernommen!

Marienkäfers Lied

Hannelore Berthold

Es ist ein Käfer über Nacht
aus seinem Winterschlaf erwacht.
Schon viele Punkte, ohne Frage
bezeugen seine Käferjahre,
doch stets aufs Neue, welche Lust
vergnügte ihn die Frühlingsluft.

Ganz ahnungsschwer kriecht er heraus
und steht entzückt vor seinem Haus.
Auch sein Gevatter fliegt herbei.
Tatsächlich, es ist wieder Mai.

Da ist ein Summen und Getümmel.
Den Monat schickt uns wohl der Himmel.
Auf grünen Fluren singt er laut
und sucht nach seiner Käferbraut.
Denn strahlt die Sonne im Revier,
dann immer sehnt er sich nach ihr.

Der Siebenpunkt will glücklich sein.
Und wer ihn sieht, bleibt nicht allein.
Man sagt, den Segen weitergeben
sei die Mission in seinem Leben.
Und willst du auch ein Glückspilz sein,
so lade in dein Haus ihn ein.

Streicheleinheit

Christian Knieps

Ich gehe über eine Wiese, deren Gras sehr hoch steht, so hoch, dass ich mit meinen Fingern, ohne mich bücken zu müssen, über die Blüten und Gräser streichen kann, die eine solche Sanftheit vermitteln, dass es in mir ein großes Wohlgefühl verursacht und mich ruhig und sanft stimmt. Ich spüre die Sanftmut, wie sie meinen Geist beruhigt, jenen Geist, der zuvor noch in starker Wallung gewesen war, von dem großen, unumkehrbaren Ereignis beeindruckt, dieses weltenverändernde, für mich.

Ich bleibe inmitten der Wiese stehen und schaue mich langsam und bedächtig, aber stets aufmerksam nach allen Seiten um, merke, wie ich inmitten eines riesig anmutenden Ozeans an Gräsern und Blumen stehe, und gleißend scheint die Sonne vom Himmel hinab, jener Himmel, dessen gefühlte Unendlichkeit mich immer zu neuen Taten und Abenteuern angestiftet hat.

Ist die Seele nicht ebenfalls von einer Unendlichkeit, da sie keiner physischen Grenze unterliegt, anders als der Körper, dessen Grenzen so immanent weltlich sind, dass die große Freiheit nur selten zu spüren ist.

Ich schaue zurück auf das Blumenmeer, das sich mit den vielen Gräsern unterschiedlicher Natur mischt, und bestaune das Wunderwerk, das sich vor mir – und auch in mir – ausbreitet, durch die Berührung mit meiner Haut, durch das Erleben, mein Empfinden. Ich komme zurück auf mein eindringliches Erleben der Pflanzen mittels meiner Fingerspitzen und erlebe sie erneut, intensiv und meinen Geist beruhigend. Ich gehe weiter, schaue nach vorne, suche nach einem Ende der Wiesenlandschaft, und auch wenn ich nicht möchte, dass dieses Gefühl der Ruhe und Zufriedenheit irgendwann mal endet, schleicht sich der Gedanke in meinen Kopf, dass dieser Ort vielleicht gar nicht real ist, die Berührungen erdacht und die Ruhe erträumt sind, die Leichtigkeit nur ein Trugschluss. Mit diesem Gedanken wird es heller, zunächst langsam, dann immer schneller, und ich versuche, die Ursache dafür herauszufinden, doch es will mir nicht gelingen, als es mir wie Schuppen von den Augen fällt, und jener Gedanke des Verstehens zugleich auch mein allerletzter ist.

Des Frühlings Macht

Aurelia Groß

Ein Meer von Blüten
bringt hervor des Frühlings Macht –
Tod, du bist besiegt!

Frühlingskraft

Aurelia Groß

In dunkler, kalter Winterstille
sammelt sich verborgen schon
die Frühlingskraft.

Zwischen Pollen und Pannen
Frühling in Buntlingen

Nils Rudison

Die Gemeinde Buntlingen erwachte aus ihrem Winterschlaf – mit Pauken, Trompeten und einem kräftigen Niesen. Trudel Schnupferich, die in der örtlichen Gärtnerei arbeitete, hatte erneut das zweifelhafte Vergnügen, die *Pollen-Saison* einzuläuten. Ihr Niesanfall hallte wie ein Startschuss durch die Straßen und ließ den Postboten Florin Grünwald vor Schreck seinen Stapel Frühlingsgrüße in eine Pfütze werfen.

Während das Niesen durch die ganze Stadt tönte, ließ er die nassen Briefumschläge in den warmen Sonnenstrahlen trocknen und bewunderte dabei die ersten Krokusse und Tulpen in den ihn umgebenden Gärten.

„Der Frühling ist eben eine lebendige Jahreszeit", sagte Bürgermeister Robin Blütenblatt und pustete sich den Blütenstaub von seinem schönen Zylinder und seinem glänzenden Anzug. Er war komplett in grün gekleidet und erinnerte ein wenig an die Heuschrecke Flip von Biene Maja. Dabei hatte er keine Ahnung, wie lebendig dieser Frühling wirklich werden würde.

Die Wette des Jahres

Es begann mit einer Wette. Die Bewohner hatten beschlossen,

dass es Zeit für ein neues Maskottchen war. „Wie wäre es mit einer Frühlings-Statue?", schlug Jasmin Holzbein vor. Sie war Künstlerin mit einem Faible für bunte Skulpturen und Glitzer.

Die Idee wurde begeistert aufgenommen und schon bald schmiedete der Bürgermeister ehrgeizige Pläne. „Wir machen einen Wettbewerb! Jeder, der mitmacht, muss etwas beitragen, das den Frühling symbolisiert."

Klingt einfach? Nicht in Buntlingen.

Am Tag des Wettbewerbs war der Dorfplatz kaum wiederzuerkennen. Zwischen den Ständen mit Holunderblüten-Limonade und kandierten Früchten tobte das pralle Leben.

Stratos Papadopoulos, der örtliche Bäcker, hatte eine improvisierte Bühne aufgebaut und hielt einen Vortrag über die Bedeutung von gebackenen Osterlämmern für das bevorstehende Osterfest, ergänzt durch Rezepte für Karottenkuchen und Veilchen-Cupcakes.

Die Konditorin Perihan Albayrak präsentierte eine überdimensionale Blume aus Rhabarber, Lageräpfeln vom Vorjahr und Hunderten von Holunderblüten. „Das ist nicht nur Kunst, das ist ein Dessert!", verkündete sie stolz.

Der Fahrradhändler Alexander Boos hingegen baute einen überlebensgroßen Hasen aus alten Fahrradteilen. „Er symbolisiert die Nachhaltigkeit des Frühlings!", erklärte er unter den bewunderten Blicken vieler Besucher.

Alte Rahmenstücke waren der Körper, aus Speichen hat er lange Hasenohren gebildet und entsprechend geformt. Der Sattel war das Hinterteil und mit Pedalen gestaltete er die Pfoten. Alte, zusammengeknüllte Fahrradketten wiederum bildeten das Hasenschwänzchen.

„Wow", riefen die Kinder, „das ist ja spitze!"

Die Krönung aber war Jasmin Holzbeins *Blütenkönig*, ein Mann aus Matsch, dekoriert mit Schneeglöckchen, Märzenbechern, Narzissen, Tulpen, Hyazinthen und Gänseblümchen. Die Bildhauerin hatte bewusst kein hartes Material, sondern Matsch gewählt, um sie gut mit den vielen bunten Blüten verbinden zu können, die nun ihre Blicke über den gesamten Dorfplatz wenden konnten.

Das Chaos nimmt Form an

Nun war es aber so, dass ein echter Frosch auf der Schulter der Matsch-Statue Platz genommen hatte und wie ein Museumswächter über die Kreation wachte. Doch vor lauter Freude über die grüne Kleidung des Bürgermeisters sprang der Frosch spontan von der einen Schulter der Matsch-Statue auf die andere, gerade als der Bürgermeister verkündete, dass die *Blütenkönig-Statue* gewonnen hat, wie er das Kunstwerk spontan taufte. „Frühlingserwachen in seiner reinsten Form!", schwärmte dieser noch, während die Statue zu wackeln begann.

„Oje", rief Jasmin Holzbein, „habe ich etwa zu viel Wasser benutzt?"

Nein, es war der springende Frosch, dem zuvor Libellen gefolgt waren und Hummeln, die stolz zu den Blüten flogen. Die Statue zerbrach unter dem summenden Ansturm und die matschigen Überreste verteilten sich in einem spektakulären Bogen ebenso über die Zuschauer wie die bunten Blüten. In einer spektakulären Kettenreaktion fiel dann zunächst das Fahrradhasen-Ohr ab, schlug gegen Perihan Albayraks überdimensionale Blume aus Rhabarber, Lageräpfeln sowie Holunderblüten, und ließ diese wie ein süßes Kartenhaus zusammenbrechen.

Die matschigen Überreste des *Blütenkönigs* ergossen sich wie bei einem prachtvollen Regenbogen über den Marktplatz.

„Das ist ja so bunt wie beim Holi-Fest!", jubelte ein Tourist, während der Bürgermeister seinen Zylinder aus dem Matsch zog und in die Menge blickte. Er erklärte die Matschlandschaft kurzerhand zur *Buntlinger Schlammkunst.* Unter seiner Leitung formten die Kinder des Dorfes kleine Skulpturen aus den Überbleibseln der Statue. Besonders beeindruckend: eine Miniaturversion des Marktplatzes – mit dem Hasen von Alexander Boos mittendrin, wobei das zwischenzeitlich lose Ohr des Hasen jetzt als Schaufel für den Matsch diente.

In einer Ecke des Platzes bot Perihan Albayrak *Blüten-staub-Detox-Drinks* an, die so gesund schmeckten, dass selbst die Hummeln verwirrt schienen. Und inmitten des Chaos trällerte der Kirchenchor ein spontanes *Ode an den Frühling,* begleitet vom Quaken des Frosches, der mittlerweile zum inoffiziellen Maskottchen ernannt worden war.

Ein Fest, das bleibt

Als die Sonne unterging, saßen die Dorfbewohner nass, schlammig, aber auch glücklich bei den letzten Sonnenstrahlen dieses Tages zusammen. Der Marktplatz sah aus wie ein Kunstwerk der modernen Avantgarde, doch in den

Gesichtern aller lag ein stolzes Lächeln. „Es war vielleicht nicht perfekt", sagte Trudel Schnupferich mit einem weiteren Niesen, das die letzten Reste der Statue umwarf und die letzten Blütenblätter vom grünen Anzug des Bürgermeisters pustete, „aber es war unser Frühlingserwachen."

In den folgenden Wochen verbreitete sich die Geschichte von Buntlingen wie ein Lauffeuer. Zeitungen titelten:

DAS BUNTESTE UND CHAOTISCHSTE
FRÜHLINGSFEST DEUTSCHLANDS

und

WIE EIN DORF DEN FRÜHLING NEU ERFAND

Die Besucherzahlen explodierten, weshalb die Bewohner von Buntlingen bereits eine *Sommer-Pannen-Parade* planten. Und so wurde Buntlingen zu einem Touristenmagneten, bekannt für sein *lebendiges* Frühlingsfest und der Beweis dafür, dass der Frühling zwar chaotisch sein kann, aber auch einzigartig bunt ist.

Frühling grüßt

Juliane Barth

Den Winterschlaf hinter sich gebracht,
die Natur gemächlich erwacht.

Erste Sonnenstrahlen lächeln erwärmend,
der Frühling beginnt herzerwärmend.

Die Temperaturen gehen wieder rauf
und die Natur blüht allmählich auf.

Frühlingsgefühle werden wach
und ziehen Heiterkeit und gute Laune nach ...

Filmriss

Katrin Benning

Du bist aufgewacht
Warst seit Monaten im Kino
Allein im Saal
Fühlst dich wie im Traum.

Fährst bis zur Endstation
Keine Nachrichten
Niemand da
Fühlst das Ziehen in deiner Brust.

Läufst durch die Stadt
Die Nacht noch kalt
Der Tag viel zu hell
Das erste Grün am Wegesrand.

Trittst auf den Frühling
Willst die Kälte weiter spüren
Eine Umarmung aus vergangen Zeiten
Sie ist bekannt.

Wie die Osterglocken ihren Klöppel verloren

Simon Käßheimer

Es war am Anfang ihrer Entstehung, als sich die Osterglocken, die damals wirklich noch Glocken waren, nicht daran störten, dass sie mit ihrem pausenlosen Läuten und Geklingel die anderen Pflanzen und Tiere störten und vielfach um ihren Schlaf brachten.

Tag um Tag, Nacht um Nacht läuteten sie, sobald nur der geringste Wind ging oder ein Windstoß sie bewegte, und wenn kein Wind ging, gaben sie nicht etwa Ruhe, wie man meinen müsste, nein, dann läuteten sie aus Übermut, aus eigener Kraft und manchmal sogar lauter als sonst.

Wenn sich die andern Blumen oder das ein oder andere Tier beschwerten, läuteten sie so laut, dass sie sie nicht mehr hören konnten, damit war die Diskussion dann beendet, ehe sie hätte beginnen können.

Irgendwann wurde es den anderen Pflanzen zu bunt, die sich ja nicht wie die Tiere verstecken konnten oder sich die Ohren zum Schlafen verstopfen. Zusammen mit den Wühlmäusen ersannen sie eine List und schmiedeten einen Plan.

Als die Osterglocken an einem ganz heißen Tag eingenickt waren und feste schliefen, schickten die Blumen und Bäume die Mäuse los, den rücksichtslosen Osterglocken die Klöppel aus den Blüten zu beißen. Es klappte, nicht eine behielt ihn.

Als die Osterglocken, als sie erwachten, merkten, was ihnen passiert war und was sie nun waren, schämten sie sich, manche wurden sogar bleich um die ganze Blüte herum.

Seitdem trauen sich die großen Narzissen, sich nicht mehr Osterglocken zu nennen oder sich als solche vorzustellen, und jedes Mal, wenn ein Mensch sie so nennt, weil er es nicht besser weiß, werden sie von den anderen Garten- und Wiesenbewohnern ausgelacht und verspottet.

Arme Glocken.

Grün

Ingeborg Henrichs

Frühling im Leben
Dem Grün des Werdens vertrauen
Daseinsleichtigkeit

Das Rotkehlchen

Tommy Sonntag

So klein und zart
Und doch so stark
So flattert es im Baume
Und saget sich in einem Mal
Ganz los von seinem Traume

So fliegt es in die Welt hinaus
Um stark nun zu erleben
Nicht Träume machen Mut und Glück
Sondern das wahre Leben

Warme Gedanken

Hartmut Gelhaar

Wer jetzt sich noch am Glühwein wärmt,
obwohl es draußen blüht,
ist, wenn er noch von gestern schwärmt,
nostalgisch im Gemüt.

Oma Trude und die letzte große Liebe

Barbara Korp

Noch an Weihnachten war Oma Trude wie immer. Wobei *wie immer* nicht unbedingt gut war. Sie hatte ihre alten Röcke getragen, viel vom Großvater erzählt, der schon lange tot war, und von früher, und sie hatte auch denselben melancholischen Blick gehabt. Ja, sie war auch für ihre eigenen Kinder die Oma Trude geworden, nachdem sie eigene Kinder bekommen hatten. Eine liebevolle alte Dame, die ihre Enkel verwöhnte. Und die nicht mehr als Frau gesehen wurde.

Die Enkel, die kannten sie nur so. Dachten wohl, diese Traurigkeit im Alter sei normal. Und freuten sich, wenn die Oma sie großzügig beschenkte. Denn das Konzept *Ich lebe nicht mehr lange, da kann ich mein Erbe schon mal verschenken,* das verstanden sie noch nicht.

Im Frühjahr jedoch, da hatte sich etwas in ihrem Gesicht verändert. Nicht viel. Aber die Augen, die waren etwas lebhafter geworden. Und ihre Mundwinkel, sie hingen weniger stark nach unten.

Kurz darauf wurde Oma Trude zum ersten Mal in ihrem Leben in Jeans gesehen, was bereits zu Getuschel und Gerüchten führte. Irgendetwas war anders.

Dann, eine Woche vor Ostern, beim Familientreffen am

Palmsonntag, ließ sie die Bombe platzen. „Ich habe mich verliebt", sagte sie.

Ungläubige Blicke waren die Folge. Die Erwartung, es müsse sich um einen Scherz handeln, lag in der Luft. Aber auch die Gewissheit, dass es keiner war. Denn Oma Trudes Mundwinkel zeigten zum ersten Mal seit Opas Tod nach oben. Sie lächelte von ganzem Herzen.

„Und ich denke, ihr solltet es wissen, bevor ihr ihn nächste Woche kennenlernt. Denn er wird am Ostersonntag beim Essen dabei sein".

Damit hatte nun wirklich niemand gerechnet. Wo sie sich kennengelernt haben, war gleich die erste Frage - und die nächste Überraschung.

„Im Internet. Ich habe mir gedacht, ich schaue mir mal die Kontaktanzeigen dort an. Ich bin ja so einsam an den meisten Tagen. "

Ja, die Kinder haben Oma Trude an das Internet herangeführt. Sie haben sie geradezu gedrängt, es kennen zu lernen. Aber mit dieser Konsequenz hatte niemand gerechnet.

Wer es war, das sollte man auch gleich wissen. Es war, wie die versammelte Menge erfuhr, ein Alfred, ein alter Herr. Mit einem Nierenleiden, der deshalb auf Diät war. Den aber Oma Trude in Zukunft bekochen wollte, damit er noch lange gesund bleibt. Er war wohl auch nicht der Schnellste und Sportlichste, aber das war wohl dem Alter geschuldet. Hübsch, ja, das war er schon. Nur schon ein wenig ergraut. Und, wie sie errötend zugeben musste, ein sehr zärtlicher Herr. Bei dieser Enthüllung war die ganze Verwandtschaft ein wenig peinlich berührt. Die Kinder kicherten sogar. Die Oma Trude und Zärtlichkeiten mit einem Mann, das wollte und konnte sich niemand vorstellen. Niemand wagte zu fragen, ob dies auch bedeuten würde, dass das Erbe kleiner wird. Man wusste, die Frage wäre unpassend. Und dass einem die Antwort nicht gefallen würde. Außerdem wollte man ja Größe zeigen.

Oma Trude strahlte, das mussten alle zugeben. Auch wenn es ihren Kindern ein wenig weh tat. Hatte sie nun den Tod ihres Mannes überwunden? Man wünschte es ihr. Aber es tat eben auch weh, dass der Papa nun durch einen anderen Mann ersetzt wurde.

Als der Ostersonntag kam, waren die Kinder gespannt. Wem würden sie begegnen? Konnten sie diesem Alfred vertrauen? Wie würden sie sich begegnen? Würde es ein friedliches Zusammenleben werden?

Auch die Enkelkinder waren gespannt. Sie wussten, dass ein Alfred dabei sein würde. Einigen gefiel der Gedanke nicht. Anderen war es egal. Und wieder andere hofften im Stillen, endlich einen Opa zu haben, der hoffentlich mit ihnen spielen würde. Doch als die Tür aufging, waren alle Sorgen wie weggeblasen. Denn vor ihnen stand eine aufgeregte Oma Trude, die über beide Ohren strahlte – und neben ihr ein kleiner Yorkshire-Terrier, der seine Freude über sein erstes Osterfest als Teil einer großen liebevollen Familie mit einem begeisterten Schwanzwedeln zum Ausdruck brachte.

Frühlingsgewitter

Catharina Luisa Ilg

In ewigem Schlaf gedacht.
Die Blumen im Garten,
Die unter dem Schnee nur warten.
Im Frühling wieder aufgewacht.
Menschen die Freude
Zurück ins Leben gebracht!
Wir alle sind davon Zeuge.

Deswegen gehe ich noch heute
Auf einen Spaziergang,
Um zu sehen die glücklichen Leute.
Der Weg ist schön und lang.
Muss sehen jeden Garten,
Den man von außen sehen kann!

Vor den Schönsten muss man warten,
Aber irgendwann kommt jeder dran.
Ein Gespräch mit dem Besitzer,
Damit man länger gucken kann.
Plötzlich ein Regenspritzer!
Es zieht wohl auf ein Gewitter.

Zu uns gesellt sich noch ein Dritter
Und dann warten wir in der Laube,
Bis die Vögel wieder singen.
Der Erste dabei ist eine Taube,
Bevor endlich harmonische Töne klingen.
So muss ich mich dazu zwingen
Wieder heim zu gehen,
Bevor erneute Wolken aufziehen!

Welch Energie

Andreas Rucks

Durch Wärme, Wasser, Licht
bekommt der Frühling Kraft
und der Keim in dieser Zeit schafft
was ihm vorher nicht gelungen.
Er ist aufgesprungen,
der kleine Wicht.

Letzter Walzer

Hannelore Futschek

Der Winter hat sich verabschiedet und meine liebste Jahreszeit hält Schritt für Schritt Einzug im Land. Derzeit bin ich Strohwitwer, weil meine Gattin nach Amsterdam geflogen ist. Auch sie ist ein Frühlingsmensch und will unbedingt einmal die Tulpenfelder besuchen, die um diese Jahreszeit große Teile der Niederlande in ein wahres Blütenmeer verwandeln. Ich sehe die bunten Farben vor mir und schon pfeife ich den alten Gassenhauer:

„Wenn der Frühling kommt,

dann schick' ich dir

Tulpen aus Amsterdam …"

Erstaunlich, dass man für Flora und Fauna so viele Lieder komponiert und getextet hat. Ich öffne alle Fenster unseres Hauses und atme in tiefen Zügen die würzige Luft ein. Seit ein paar Tagen strahlt die Sonne aus einem stahlblauen Himmel und die Vögel zwitschern munter von den Bäumen. Da fällt mir das Kinderlied *Alle Vögel sind schon da …* ein. Ich muss schmunzeln.

Gestern waren wir – mein Hund und ich – bereits im Wald, um Bärlauch zu pflücken. Ich will mir nämlich heute als leichte Abendmahlzeit eine Bärlauchsuppe mit Kartoffeln zubereiten. Milo ist der Grund, warum ich meine Gattin nicht nach Amsterdam begleiten konnte. Wer sollte sich denn während unserer Abwesenheit um unsere geliebte Fellnase kümmern? Beschwingt gehe ich zu meiner Schallplattensammlung und suche nach Walzern von Johann Strauss. Wie skurril! Die *Sträusse!* Sie haben im 19. Jahrhundert wunderschöne Musik geschrieben. Aus der Hand von Johann Strauss' Sohn stammt zum Beispiel mit Opus 410 der Konzertwalzer *Frühlingsstimmen.* Ihn werde ich mir anhören, während ich die Bärlauchblätter wasche und zerkleinere.

> *Die Lerche in blaue Höh' entschwebt,*
> *der Tauwind weht so lau;*
> *sein wonniger milder Hauch belebt*
> *und küsst das Feld, die Au.*
> *Der Frühling in holder Pracht erwacht ...*

Richard Genée hat seinerzeit den Text zu diesem wunderschönen Musikstück geschrieben. Er war nicht nur als Kapellmeister und Librettist bekannt, sondern auch Komponist von Männerchören, Liedern und eigener Opern.

Fröhlichkeit und Freude entsprang seiner Feder, als er den Text für den Walzer schrieb. Und so empfinde auch ich. Die Leichtigkeit des Seins überkommt mich und ich summe fröhlich die Melodie, während ich in den Hauskeller gehe, um Kartoffeln und Zwiebeln zu holen. Ich lege die Zutaten auf den großen Küchentisch und lausche einem Kuckuck, der sich offensichtlich, aus seinem afrikanischen Winterquartier zurückkommend, in einem unserer Bäume häuslich eingerichtet hat und jetzt sein Revier absteckt.

Wenn man beim Hören des ersten Kuckucks auf hartem Boden steht, wird einem Unglück bevorstehen, steht man jedoch auf weichem Boden, darf man sich auf ein gutes Jahr freuen, heißt es. Eine Binsenweisheit! Was hat man dem Ruf dieses Vogels schon Legenden und Sagen zugeschrieben! Dennoch wandert mein Blick entlang meiner Füße zu unserem Küchenboden. Ich stehe auf Keramikfliesen! Blödsinn – schließlich bin ich nicht abergläubisch!

Nachdem ich eine Gartenrunde gedreht habe, weil ich wissen wollte, wo der Kuckuck sich niedergelassen hat, gehe ich, ohne ihn entdeckt zu haben, wieder zurück ins Haus und in die Küche.

Kartoffeln und Zwiebeln geschält, werden diese nun kleingeschnitten und in einem Topf mit Butter angeschwitzt. In der Zwischenzeit verwahre ich meine Schallplatte mit den Strauss-Walzern wieder in der dementsprechenden Hülle und schalte auf Radiomusik um. *„Komm lieber Mai und mache ..."*, singt gerade ein Kinderchor. Süß, wie die Kleinen sich auch schon über den Frühling freuen. Da fällt mir ein, dass man die Blätter der Maiglöckchen mit denen des Bärlauchs verwechseln könnte – wenn man unwissend ist! Das kann mir aber nicht passieren, ich habe zu Beginn meiner Pflückrunde ein Blatt mittels Handy über Google eingescannt und die Antwort war, dass es sich um Bärlauch handelt! Im Übrigen habe ich in diesem Waldstück noch nie Maiglöckchen wachsen sehen!

Die Zwiebeln sind glasig, ich lösche mit Wasser und warte nun, bis die Kartoffeln weichgekocht sind.

Bei einem weiteren Spaziergang durch unseren Garten entdecke ich einen gelben Fleck und trete näher. Tatsächlich haben sich hier unzählige Himmelschlüssel aus der Erde gewagt. Sie stehen in Reih und Glied. Meine Frau wird sich freuen, wenn sie das sieht. Sie hat vor zwei Jahren Samen ausgestreut, um diese Primelart zu ziehen, denn sie ist der Meinung, dass man die Bestandteile als Tee oder Sirup innerlich sowie in Form von Umschlägen verwenden kann. Sie ist und bleibt meine geliebte Kräuterhexe!

Zurück in der Küche suche ich nach einem Pürierstab. In meinem Rezept steht geschrieben, dass man beim Pürieren der Kartoffeln nun den Bärlauch dazugeben soll. Also folge ich dieser Anweisung, geben noch Salz und Pfeffer dazu und rühre einen halben Becher Schlagobers ein. Fertig! Jetzt erst lese ich, dass man die Suppe nun nicht mehr zum Kochen bringen darf, weil sie sonst grau wird. Blöd! Ich wollte sie ja erst als Abendmahlzeit zu mir nehmen! Auch kein Malheur! Ich entschließe mich, Topf und Teller auf die verglaste Veranda zu bringen und im Licht und in der Wärme der Frühlingssonne meine Suppe zu verspeisen. Ach, ist das Leben herrlich!

Milo kommt und schnüffelt, während ich einen Schöpfer fülle und den Inhalt in den Teller gieße. Kurz knurrt er und beginnt zu bellen. „Nein, mein Freund, keine Suppe für dich! Im Vorhaus steht deine Futterschüssel mit Fleisch und Gemüse!", erkläre ich ihm. Ob er mich verstanden hat, weiß ich nicht, jedenfalls trottet er los und verschwindet wieder.

Während ich die ersten Löffel meiner Suppe zu mir nehme, lasse ich meinen Blick über unseren Garten schweifen. Wie gut sich der Rasen nach dem Winter erholt hat und wieder in kräftigem Grün leuchtet!

Die Suppe ist mir gut gelungen, sie schmeckt hervorragend, etwas Salz könnte ich noch beimengen, damit die zweite Portion, die ich mir gerade in den Teller gefüllt habe, noch besser mundet. Da die Salzmühle in der Küche steht, muss ich meinen Platz auf der Veranda kurz verlassen. Komisch, plötzlich habe ich einen Druck auf den Augen, der mir fremd ist. Irgendwie fühle ich mich leicht schwindlig. Klar, Frühjahrsmüdigkeit! Ich tapse in die Küche und greife nach der Salzmühle. Rasch wieder niedersetzen, sage ich zu mir und schlurfe zurück zu meinem Essplatz. Irgendwie habe ich schwere Beine. Ich salze meine Suppe. Sie schmeckt noch besser als die erste Portion. Meine Frau wird staunen, wenn ich ihr erzähle, dass ich heute Bärlauchsuppe gekocht habe. Sie verwendet nämlich sehr oft diese Pflanze, um Pesto oder Aufstriche daraus zu machen.

Plötzlich wird mir heiß. Vielleicht ist es, weil die Sonne auf die Glaswände der Veranda scheint? Schweißperlen bilden sich auf meiner Stirn. In meinem Magen beginnt es zu rumpeln. Meine Hände zittern. Oh, wird mir übel! *Rasch ins Bad und zur Toilette,* befehle ich mir, komme aber kaum hoch. Milo erscheint und streicht um meine Beine. Ich schwanke hin und her. Mit letzter Kraft schaffe ich es ins Bad. Dort muss ich mich übergeben und sinke auf den kalten Fliesenboden. Fliesenboden? Kuckuck? Bärlauch? Maiglöckchen? *Wenn man beim Hören des ersten Kuckucks auf hartem Boden steht, wird einem Unglück bevorstehen ...* Meine Sinne schwinden! Ist es womöglich der letzte Frühling, den ich erleben durfte?

Das Herz im Frühling

Stefanie Dohmen

Der Frühling in der Natur
verzaubert das Herz in seiner Spur.
Schon bald sind die vorgegebenen Wege verlassen
und das Herz genießt in Einsamkeit,
wilde Pfade der Behaglichkeit.

Die Urnatur

Stefanie Dohmen

Märchenhaft, wild gewachsen und romantisch schön,
ist das Frühlingsbild anzuseh'n.
Fühl wie der Zauber mich bewegt
und mein Herz ehrfurchtsvoll in die Stille geht.
Versunken in die Urnatur,
fühl ich mich eins in der Natur.

Schlafstörungen

Katharina Prestel

Der Frühling erwachte. Er reckte und streckte sich, dehnte die Glieder, blinzelte verschlafen und gähnte dabei. Die Augenlider noch verklebt, konnte er nicht recht erkennen, was ihn umgab. Dann aber sah er, was um ihn war. Er erschrak. Da waren die Bäume ganz kahl und grau. Da war das Gras zerdrückt vom Regen, der Boden ganz weich und zermatscht, der Himmel ein Vorhang aus Wolken und Blei. Kaum hörte man Vögel zwitschern, sah nirgends ein einziges Blütenblatt stehen. Kalt war die Luft und sie schnitt beim Atmen in Lunge und Augen.

Der Frühling machte die Augen schnell zu. Das Elend konnte er nicht gut ertragen. Was war nur geschehen? Es war gar nicht Zeit! *Zu früh*, dachte er, *zu früh bin ich wach. Ich bin noch nicht dran. Ich muss ja noch warten.*

Der Frühling war sehr harmoniebedürftig. Er wollte dem Winter nichts wegnehmen. Wenn er sich jetzt regte, dann müsste er alles mit einem schlechten Gewissen tun, und das wollte er nicht. Allein die Vorstellung ...

Der Frühling seufzte. Er drehte sich auf die andere Seite und atmete tief ein und aus. Dann versuchte er, wieder einzuschlafen. Doch erging es ihm so, wie es jedem ergeht, der zu früh erwacht und versucht, wieder einzuschlafen. Es funktionierte nicht. Er versuchte, Schafe zu zählen. Sie sprangen über bunte Blumenwiesen und hatten ihre kleinen Lämmchen dabei. Davon wurde der Frühling so aktiv, dass er auf die Bettdecke schlug vor Zorn. Er hatte den tiefen inneren Drang, jetzt sofort mit der Arbeit loszulegen. An Schlafen war nicht zu denken. Er versuchte es mit Meditation. Dabei konzentrierte er sich auf seinen Atem. Ein. Aus. Ein. Aus. Ein. Aus, verdammt! Nein, es machte ihn wütend, sich zu konzentrieren. Er wollte sich lieber austoben.

Er versuchte, an etwas Langweiliges zu denken. Ein plätschernder Bach in einem endlosen Lauf den Abhang hinunter. Ein ruhiger See vor Sonnenaufgang, noch im Dunkel der Bäume des Waldes verborgen. Winter. Schnee. Alles weiß. Aber an dem Bach erblickte er dann kleine Libellen und die ersten Kaulquappen in einer Pfütze, ein Rehkitz bei der Mutter, die die kleine, schmale Nase in das Wasser hielt, um zu trinken. Und im See tummelten sich die Fische und Wasserschlangen, und die Fische schnappten an der Oberfläche schon nach kleinen Fliegen in der Luft. Der Wintergedanke aber war der schlimmste. Denn auf einmal brachen unter der dicken, weißen Schneedecke die ersten Krokusse hervor. Und der Frühling wusste: Es würde ihm nicht gelingen, wieder einzuschlafen. Er musste aufstehen.

„Was willst du denn so früh schon hier?", brummte der Winter und machte ein missmutiges Gesicht.

Der Frühling hingegen machte eine bedauernde Geste. „Ich kann nicht mehr schlafen. Was auch immer ich versuche, es will mir nicht gelingen. Nicht einmal autogenes Training hat geholfen. Bitte, lieber Winter, sei mir nicht böse. Ich will dich doch gar nicht verdrängen."

„Ist schon in Ordnung." Der Winter war auch kein Unmensch. „Ich sehe ja, dass es dir leidtut. Aber ein bisschen wunderlich ist es schon."

Dann saßen sie beide da und wunderten sich. Um sie herum aber erfüllte alles seine Aufgabe. Die Pflanzen reckten die ersten Knospen in die Höhe, um von der Sonne etwas abzubekommen, noch während der Raureif an ihnen festhing. Die Tiere sprangen munter über die gefrorenen Wiesen und sahen sich nach der ersten Nahrung um. Und am eisblauen Himmel zogen die ersten Störche wieder ins Land.

„Was macht ihr beide denn hier?"

Sie fuhren erschrocken herum. Hinter ihnen stand der Herbst und rieb sich die Augen. Kunterbunte Blätter umwehten in einer grauen Windwolke die weißgrünen Bäume.

„Auch einen schönen guten Morgen, lieber Herbst", erwiderte der Winter. „Ich meinerseits sollte eigentlich hier Dienst haben. Aber der Frühling konnte nicht mehr schlafen. Und wie ist es mit dir?"

„Ach ..." Der Herbst gähnte ausführlich. „Ich konnte auch nicht mehr schlafen. Als ich aufwachte, durchzuckte mich die Erkenntnis, dass mich bald keiner mehr brauchen wird. Dann werden wir dem ewigen Ringkampf zwischen dir, lieber Winter, und dem Sommer betrachten können. Tut mir leid, lieber Frühling, ich hätte gern etwas anderes prophezeit." Der Herbst war ein bisschen schwermütig. Er prophezeite häufig irgendetwas. Scheinbar machte er sich lange und viel Gedanken über alles. Die anderen waren es schon gewöhnt. Sie machten sich also nicht viel aus seiner düsteren Idee.

„Warum ist es eigentlich auf einmal so warm?", fragte der Frühling.

Und dann wussten sie die Antwort. Mit der gleißenden Sonne am Himmel erschien der Sommer und gesellte sich zu ihrem Treffen. „Na, das ist ja ein lustiger Haufen hier!", rief er aus. „Habe ich die Einladung verpasst?"

„Wir konnten nicht mehr schlafen", erklärte der Frühling.

„Aha. Und deshalb sitzt ihr hier so herum?"

„Was sollen wir denn sonst tun?"

„Keine Ahnung. Aber wenn ich ihr wäre, würde ich mir eine schöne, lange Feier mit vielen Freunden gönnen. Es gibt nichts Besseres als eine richtig große Party." Und er setzte sich einen Party-Hut auf.

Die anderen schüttelten die Köpfe. „Wie kannst du feiern, wenn wir ein ernstes Problem haben?", fragte der Herbst.

„Dass ihr nicht schlafen könnt, ist ein Problem?"

„Aber ja! Wir sind alle auf einmal hier. Das ist doch nicht normal. Eigentlich wäre der Winter jetzt dran. Aber der Frühling konnte nicht mehr einschlafen. Und ich habe zu viele schwere Gedanken. Auch du bist auf einmal hier. Wir können doch nicht alle gleichzeitig an der Reihe sein. Was ist denn das für ein Monat?"

Jetzt erst dämmerte den anderen, dass der Herbst recht hatte. Und sie sahen sich ratlos an.

Dann hatte der Frühling eine ganz neue Frage. „Wer ist eigentlich schuld an unserer Schlaflosigkeit?"

Wieder ratlose Gesichter. Niemand von ihnen sagte ein

Wort. Möglicherweise dachte jeder daran, wie praktisch es wäre, dem jeweils andern die Schuld zuzuschieben. Aber sie waren alt und weise genug, um zu wissen, dass das nur eine Notfallmaßnahme wäre.

Der Winter wagte schließlich ein gewichtiges Wort. „Wer auch immer Schuld daran hat – wir müssen eine Lösung finden!"

„Hört, hört!" Die anderen stimmten ihm zu.

„Ich habe eine Idee."

Alle blickten auf den Frühling. Er war bekannt für seine Kompromissbereitschaft. Bestimmt konnte er helfen. „Wir machen es so: Jeder von uns darf schlafen und wach sein, wann er will. Aber wenn das Wachsein nicht zu den Monaten passt, muss man sich zurücknehmen." Die anderen nickten abwartend. Der Frühling fuhr fort. „Man darf also immer etwas von sich einbringen. Aber nicht so viel, dass es die Hauptperson verdrängt. Und wenn einer keine Lust hat auf seine Arbeit, dann fällt er eben aus." Erneute Zustimmung. Dann die letzten Worte. „In der Zwischenzeit machen wir uns auf die Suche nach den Verursachern dieses Problems. Langfristig ist Schlaflosigkeit nämlich gesundheitsschädlich."

„Und was machen wir, wenn wir die Schuldigen gefunden haben?"

„Wir weisen sie in ihre Schranken. Wir sind die Natur. Wir haben immer recht. Mir jedenfalls ist mein Schlaf heilig. Ich möchte meinen geregelten Rhythmus wiederhaben. Wie sieht es aus: Seid ihr dabei?"

Der Lenz ist da

Petra Pohlmann

Die Sonne kann sich durchringen,
versucht den Winter zu bezwingen.
Krokus und Hyazinthe pellen sich aus der Erde,
auf dass es bald wieder Ostern werde
und wir ‚Der Lenz ist da‘ singen.

Selbstkritik

Hartmut Gelhaar

Der März, zumindest dieses Jahr,
ist auch nicht das, was er mal war.

Dies Urteil scheint mir ein Stück weit
doch sehr viel Überheblichkeit.

Wir sollten uns vor Augen halten,
wir selbst sind auch nicht mehr die Alten.

Du warst nie, was Du heute bist.
Auch wenn ‘s Dein zweiter Frühling ist!

Leben rund um Nistkasten und Vogelhaus

Anke Schüür

Wie jedes Jahr freue ich mich auch diesen Winter wieder über die Vögel, die im Vogelhäuschen das Futter aufpicken. Ich beobachte sie gerne: Die Kohlmeisen, die Blaumeisen, schwarze Amseln, das Rotkehlchen. Wenn es richtig kalt wird, kommt auch der hübsche Kleiber vorbei, manchmal ein Pärchen bunter Dompfaffen, und letztes Jahr war sogar ein größerer Buntspecht zu Gast und hackte auf den Meisen-Knödel ein. Sie alle brauchen mindestens im Winter die Hilfe der Menschen – es wird sogar schon empfohlen, Futter ganzjährig anzubieten, denn die Vögel finden durch den Rückgang der Insekten immer weniger Futter in der Natur.

Ich erinnere mich daran, dass in meiner Kindheit unsere Eltern schon im Garten in einer kleinen Birke vor dem Balkon einen Nistkasten für Kohlmeisen aufgehängt hatten. Mein Vater hatte ihn nach genauer Anleitung selbst hergestellt, und er wurde jeden Frühling wieder von einem Meisenpaar genutzt. Es baute im April/Mai ein Nest darin aus Moosen, Halmen und kleinen Federn oder auch Tierhaaren, die sie in der Natur fanden, so dass es warm und weich gepolstert war. Nach der Fertigstellung legte das Weibchen acht bis zehn Eier hinein, die etwa 14 Tage lang ausgebrütet wurden. Dann schlüpften die winzigen, noch nackten Vögelchen und wurden emsig von beiden Meisen gefüttert. Wir hörten sie piepsen und konnten beobachten, wie die Eltern fleißig hin- und herflogen, um ihre immer hungrigen Jungen satt zu bekommen. Mein Vater öffnete ab und zu vorsichtig den Deckel des Nistkastens und ließ auch uns Kinder einen Blick hineinwerfen, was wir immer sehr aufregend fanden. So konnten wir beobachten, wie die jungen Meisen sich veränderten, ihnen die Federn wuchsen und sie bunt und hübsch wie ihre Eltern wurden.

Nach etwa 20 Tagen wurden sie flügge und verließen den Nistkasten. Überall in der Birke und in den Büschen ringsherum saßen die kleinen aufgeplusterten Meisen, piepsten aufgeregt und wurden noch eine Weile weiterhin eifrig von ihren Eltern gefüttert. Dann verteilten sie sich in größerem Umkreis und lernten, sich ihr Futter selbst zu suchen.

So hatten wir jedes Frühjahr unsere Freude an den gelb-schwarz-weißen Kohlmeisen, und im Winter bekamen sie im Vogelhäuschen von uns Futter, denn bei den kalten Temperaturen und besonders bei Eis und Schnee war es für sie schwer, in der Natur welches zu finden. Sie ließen sich unsere Sonnenblumen- und andere Kerne gerne schmecken. Die Meisen-Knödel wurden besonders von den kleineren und wendigeren Blaumeisen genutzt.

Sobald ich später die Möglichkeit hatte, habe ich selbst ein Futterhäuschen aufgestellt – und so ist es bis heute geblieben. Bei meinem Bruder im Garten hängt auch wieder ein Nistkasten.

Birkenlied

René Linnet

Ein Blätterschwarm, ein Flügelrausch;
Baum und Vogel im Morgenplausch.
Die Birken zupfen mit ihren Zweigen
Der Frühlingssonne Harfensaiten.

Lauschend sitze ich dabei,
Gemüt besänftigt, Gedanken frei –
Fülle sie mit bunten Liedern
Aus der Grünfinken Gefiedern.

Wenn die Kätzchen golden blühen,
Melodien Farben sprühen,
Stämme wolkenweiß gen Himmel ragen,
Gibt es wahrlich nichts zu klagen!

Selbst nach all den vielen Jahren,
Hunderten von dunklen Tagen,
Singt Mutter noch wie eh und je,
Beflügelt selbst das schwerste Weh.

Frühjahrsmüde

Olivér Meiser

Der Körper ist wie Blei so schwer,
die Seele schleppt sich hinterher,
es woll'n das Herz die lauen Lüfte
und die süßen Blumendüfte
gar nicht recht entfachen!

Es kam der Frühling viel zu schnell,
es ist der Himmel viel zu hell,
es schmerzt im Aug' das Sonnenlicht
in dem noch blassen Angesicht,
das selbst zu müd' zum Lachen!

Mein lieber Lenz, ach gib mir Zeit,
ich kann nicht sofort singen
und wie die Hasen gleich so weit
durch Felder, Wiesen springen!

Mein lieber Lenz, nur ein paar Tag',
dann kann auch ich von neuem,
wenn ich mich wieder leiden mag,
wie jedes Jahr mich freuen!

Vielleicht ist Frühling gar nicht so schlecht

Bora Buonder

Es wird Zeit mich zu verabschieden. Wenn der Frühling Einzug hält, beginne ich zu sterben. Frühling: die Zeit des Aufbruchs, Neuanfangs, neuen Lebens. Für mich die Zeit des Abschieds, der Trauer, der Einsamkeit. Man kann es so sagen: ich hasse den Frühling.

Den ganzen Winter bin ich draußen bei den Schafen. Meine Border Collies Lady und Luna, mein Esel Chicco und ein Land Rover, Baujahr 1976, begleiten mich.

Schlafen tu ich im Land Rover – oder im Zelt. Am Tag wandere ich mit den Schafen quer übers Land. Zwischendurch hole ich den *Landie,* damit er den Anschluss nicht verliert. Dann schauen Chicco, Lady und Luna zur Herde. Stolze dreihundert Schafe und etwa fünfzig Lämmer müssen bewacht werden. Ich bin stolz, dass mir die Bauern im Winter ihre Schafe anvertrauen. Sie wissen, dass ihre Tiere bei mir in guten Händen sind. Schließlich mache ich das schon den fünfzigsten Winter! Schon mein Vater und mein Großvater waren Schafhirten. Wie soll ich sagen: Schafe hüten ist mein ganzes Leben.

Im Sommer helfe ich einem Nachbarn im Stall bei den Schafen und Kühen. Ich bin nie groß zur Schule gegangen. Dafür hatten wir kein Geld. Aber ich habe auch so alles gelernt, was es zum Schafe hüten braucht. Mein Vater war ein geduldiger Lehrer und ein guter Schafhirte. Was soll ich sagen: es hat mir nie an etwas gefehlt.

Letzten Sommer kam da so ein Mensch vom Amt. Er hat gesagt, dass ich nicht mehr als Schafhirte arbeiten dürfe. Dass ich jetzt *pensioniert* würde. Als ich weinen musste, meinte er, ich dürfe noch einen Winter machen. Aber danach, im Frühling, müsse ich zu Hause bleiben. Ich könne ja dem Nachbarn im Stall helfen. Und außerdem hätte ich keine Bewilligung für den *Landie*. Aber weil ich damit nicht auf den Hauptstraßen fahre, drücke er noch ein Auge zu. Ich weiß nicht, was für eine Bewilligung ich brauchen sollte. Es hat mich ganz schön *geschlaucht* und es hat sich angefühlt, als würde ich in ein finsteres Loch fallen, als ich erfahren habe, dass ich nicht mehr Schafe hüten darf. Man muss es so sagen: jetzt ist Frühling.

Ich habe die Schafe alle wohlbehalten zurückgebracht. Der Mensch vom Amt hat schon auf mich gewartet mit ein paar Papieren, die ich unterschreiben soll. Keine Ahnung, was das soll. Ich weiß nur, dass jetzt Schluss ist mit Schafe hüten im Winter. Der Franzl wird das jetzt machen. Die Luna, die Lady und den Chicco darf ich behalten. Wenigstens das. Und ich werde beim Bartl im Stall helfen dürfen. Seine Frau ist hübsch und sehr nett. Sie macht mir die Wäsche. Ich darf am Mittag bei ihr essen. Wie soll ich sagen: vielleicht ist Frühling gar nicht so schlecht.

Schmeiß an den Grill

Petra Pohlmann

Schmeiß an den Grill,
weil ich 'ne Gartenparty will.
Das Bier steht schon kalt,
die Gäste kommen bald.
Wir feiern den warmen April.

Tanz in den Mai

Petra Pohlmann

Kommt alle schnell herbei,
wir tanzen jetzt in den Mai.
Die Musikanten sind schon da.
Sie spielen auf – oh trallala.
Und wir fühlen uns leicht und frei.

Nach jedem Winter Krokusse

Hilde Deiner

Der alte Mann ging gemächlich über den Friedhof. Er genoss die Erhabenheit dieses Ortes, der sowohl den Toten als auch den Trauernden Frieden spenden sollte. Nebenher gewährte diese Oase der Ruhe vielen Pflanzen und Tieren Zuflucht vor der hektischen Stadt. Er begab sich zu dem Teil, wo seit fünf Jahren seine Frau begraben lag. Eine einfache Grabplatte zierte ihr Grab. Kinder waren keine vorhanden und andere Angehörige waren entweder tot oder im Pflegeheim. So hatten sie sich schon zu Lebzeiten seiner Frau für ein einfaches, pflegeleichtes Urnengrab entschieden. Zu gegebener Zeit würde er ebenfalls hier seinen Platz finden. Mehrmals pro Woche kam er vorbei, zündete eine Kerze an und frühstückte mit seiner Frau, wie er es in den letzten 40 Jahren getan hatte. Dafür setzte er sich auf eine Bank, die wie speziell für ihn vorgesehen nur einige Meter entfernt stand. Dann holte er die Thermoskanne und eingepackte Käsebrote heraus und aß diese mit Genuss. Er liebte besonders die Samstagvormittage, an denen der Friedhof wenig belebt war. Letzten Herbst fiel ihm die junge Frau auf, die ein paar Meter weiter das Grab ihres Partners besuchte, arg mit der Trauer über dessen Tod kämpfend. Seitdem hatte er einen weiteren Grund, zum Friedhof zu gehen. Die Qual dieses jungen Menschen ging ihm zu Herzen und er wünschte, sie irgendwie unterstützen zu können. Nach dem Frühstück wartete er regelmäßig auf sie. Meist kam sie so gegen 10:00 Uhr. Dann hörte er zu, wie sie ihrem toten Mann von der Woche berichtete, und fühlte sich mittlerweile seltsam vertraut mit dieser jungen Trauernden. Auch er hatte wenig Zeit gehabt, sich auf den Tod seiner Frau vorzubereiten. Die paar Wochen vor ihrem Tod hatten sie gemeinsam für lange Spaziergänge und Gespräche genutzt. Beide verbrachten diese letzte kurze Spanne sehr intensiv. Dieser Frau war dies nicht vergönnt. Ihr Mann starb bei einem Autounfall, war einfach weg, von einem Augenblick zum anderen. Kein Wunder, dass seine Ehefrau damit völlig überfordert war. Er spürte ihren Kummer fast körperlich, der in seiner Intensität nicht nachlassen wollte. So schien es zumindest. Es musste doch einen Weg geben, diesem jungen Menschen ein kleines Licht am Ende des dunklen Tunnels anzuzünden.

Er trank einen Schluck Kaffee. Dabei war ihm die Gegenwart seiner Frau allgegenwärtig. Selbst nach fünf Jahren noch. „Was meinst du, mein geliebtes Irmchen. Wird sie es bemerken?", murmelte er und goss sich etwas Kaffee nach. „Sie macht es wie ich damals. Ich habe auch immer mit dir geredet, weißt du noch? Hättest du was dagegen, wenn ich sie anspreche?"

Die junge Frau hörte den alten Mann murmeln. Hatte er dies schon immer getan? Sie wusste es nicht. Natürlich hatte sie ihn im letzten Jahr ab und an bemerkt. Er stand entweder vor einer Grabplatte, nur wenige Meter weiter oder saß, wie jetzt auf der Bank. Sie hatte ihn bisher nicht beachtet. Es war auch unwichtig. „Ach, Richard, wie soll es ohne dich weitergehen? Ich weiß gar nicht, ob ich das will. Weiterleben. Ohne dich scheint alles so sinnlos". Sie spürte erste Tränen über ihre Wangen laufen und wischte mit der linken Hand über ihr Gesicht. „In dieser Woche ist nicht viel passiert. Die Therapeutin ist zwar nett, weiß aber nicht, wovon sie redet, glaube ich. Ich soll loslassen, sagt sie. Was für ein Blödsinn. Wie könnte ich. Das wäre ja so, als ob ich dich vergessen sollte. Ich glaube, das bringt mir nichts. Seit drei Monaten gehe ich jetzt zu ihr und ich spüre keine Veränderung." Sie schnäuzte sich die Nase und seufzte.

Der alte Mann hörte zu. Ob ihr bewusst war, dass sie laut sprach? *Loslassen*, dachte er. *Ja, das ist schwer, sehr schwer. Ich habe losgelassen, unser Haus verkauft. So viele Erinnerungen sind damit verloren. Jetzt wohne ich in dieser Seniorenresidenz. Und obwohl die Entscheidung richtig war, ist es noch immer schwer. Das Loslassen.*

Die Frau berichtete dem Grabstein das Geschehen der Woche. Doch während sie erzählte, wie der Job ihr die Kraft gab, ohne ihn weiter zu leben, erspähten ihre Augen plötzlich die gelben Krokusse auf dem Rasenstück hinter der Grabplatte ihres Mannes. Gut, das gesamte Rasenstück war gesprenkelt von diesen Frühlingsblumen, aber an dieser Stelle bildeten sie eine Art Pulk. Jetzt, wo ihre Aufmerksamkeit geweckt war, bemerkte sie eine ebensolche Gruppierung über der Grabplatte der Ehefrau dieses Mannes auf der Bank hinter ihr. Irgendwie irritierte sie diese merkwürdige Anordnung der Blumen. Das konnte kein Zufall sein, oder? Hatte er vielleicht ...? Sie drehte sich zu dem Alten um, zögerte kurz, ging dann auf ihn zu und setze sich neben ihn.

Er schaute sie an. „Kaffee?", fragte er.

Sie nickte und er holte eine kleine Emaille-Tasse aus seiner Tasche, schenkte ihr ein und stellte sie neben sich auf die Bank.

Die junge Frau fasste diese vorsichtig am Henkel und trank einen Schluck. „Wie starb Ihre Frau?", fragte sie nach einigen Minuten.

„Krebs, vor über fünf Jahren", antwortete er.

„Autounfall, vor einem Jahr und drei Wochen", sagte sie. Beide tranken schweigend ihren Kaffee.

„Die Krokusse", meinte sie nach einiger Zeit.

„Habe ich im Herbst letzten Jahres gepflanzt. Diese Frühlingsblumen schlafen in der Zwiebel und treiben jedes Jahr wieder neu aus. Sie symbolisieren die Wiedergeburt für mich", erklärte der Alte.

Sie nickte. *Er hat an mich gedacht,* schoss es ihr überrascht durch den Kopf. *Es gibt tatsächlich Personen auf dieser Welt, die an mich denken. Einfach so.* Dann erzählte sie diesem Unbekannten von dem furchtbaren Autounfall, bei der die Liebe ihres Lebens starb.

Und er berichtete ihr über die letzten Monate seiner Frau. Dann schwiegen beide und hingen ihren Gedanken nach. Sie beobachteten ein Rotkehlchen, wie es zu den Krokussen hüpfte und daran rupfte. Und mit einem Mal überkam die beiden nebeneinandersitzenden Fremden tiefer Frieden.

Die Zeit vergessend, saßen sie stumm. Der Frühlingssonne ihre Gesichter mit geschlossenen Augen entgegenstreckend, der erwachenden Natur lauschend. Und die Frau spürte, wie sich der Frost in ihr zurückzog und das Eis um ihr Herz taute. Nur ein wenig, aber es war ein Anfang. Der Frühling ließ sich zaghaft in ihr nieder. Tränen rannen lautlos über ihre Wangen. Loslassen. Fühlte sich das so an?

Nach einer Weile räusperte sich der Mann. „Einige Meter von hier hat ein Italiener neu aufgemacht. Darf ich Sie zu einer Pizza einladen?", fragte er. „Ich würde gern mehr über Ihren Mann erfahren."

Die Frau wischte sich mit einem Taschentuch über die Augen, lächelte, „das wäre schön. Ich würde auch gern mehr von ihrer Frau hören".

„Ich glaube, mein Irmchen hätte Sie gemocht", antwortete der Mann, packte Thermoskanne samt Brotdose in seine Tasche und gemeinsam schlenderten sie zum Ausgang. Als sie so nebeneinander hergingen, wirkten beide wie Vater und Tochter. Wie warm die Sonne jetzt schon schien. Wie der Wind den Blütenduft der umgebenden Pflanzen an ihre Nasen wehte, sanft am Haar zupfte. Wie die Knospen der Bäume darauf warteten, endlich ihre Blätter auszustrecken. Es versprach, ein schönes Jahr zu werden.

Blumenjahr

Cleo A. Wiertz

Gelb stäubt die Hasel deine Wange.
Nieswurz trotzt dem Schnee, und bald
schreit das Scharbockskraut
seinen schrillen Triumph.

Explodierend unter der Sonne
der Duft von Veilchen,
Narzissen berghangweit
und Anemonen im Auwald.

Flieder singt dich murmelnd
in weißvioletten Schlaf,
eh Wegrainrosen
blasse Wunden dir schlagen,

vielzählig Schwertlilien
dich entwaffnen und
du trunken wirst
von Lavendelfeldern

oder losläufst, um zwischen
Sonnenblumen unterzugehen.
Astern trösten dich
über den Verlust des Sommers.

Bis zuletzt halten die
Gänseblümchen die Stellung,
und selbst wenn du nicht Kirschzweige
treibst am Barbaratag, so küsst dich doch

der Winterschneeball,
bis wieder gelb die Hasel deine Wange stäubt
und die Christrosen auferstehen ...

Nährwert

Hartmut Gelhaar

Die Leichtigkeit der Frühlingsrollen,
im Gegensatz zum Dresdner Stollen,

ist Indiz für Mehlverbrauch
und für das Genießen auch!

So formen die Ernährungsbräuche
uns Jahreszeit bedingte Bäuche.

Clemens und Clementine

Carmen Schmidt

Clementine erwachte, gähnte und blinzelte. Sie war eine sehr alte Schildkröte, die während des Winters im Keller in einer schön warm ausgepolsterten Kiste ihren Winterschlaf gehalten hatte. Jetzt erwachte sie zu neuem Leben. Sie hoffte, dass ihre Besitzerin bald nach ihr sehen und sie herausholen würde. Denn nun bekam sie einen Riesenhunger. Leider konnte sie nicht bellen wie ein Hund oder miauen wie eine Katze. Sie musste warten. Doch sie hatte Glück. Noch am selben Tag erschien die alte Dame, der sie gehörte und sah nach ihr.

Margarete Meyer war eine rüstige Rentnerin Anfang 80. Seit dem Tod ihres Mannes lebte sie alleine in einem kleinen Haus mit Garten. Sie liebte es, Gemüse und Obst anzupflanzen und zu ernten. Ihre Freundinnen beneideten sie um ihren sorgsam gepflegten Garten.

Im Frühjahr ging sie jeden Tag in den Keller und sah nach ihrem Haustier. „Na, mein altes Mädchen, aufgewacht?", fragte sie. „Das ist ja schön. Draußen scheint die Märzsonne, dein Gehege im Garten ist schon aufgestellt. Du kannst deinen ersten Spaziergang machen. Zu fressen gibt es heute für dich Salat, frischen Löwenzahn und Klee."

Clementine freute sich. Tatendurstig schritt sie im Gehege durch das Gras und fraß ihre erste Mahlzeit nach dem langen Winter. Alles schmeckte ihr gut, sie war bester Laune und ließ sich die Sonne auf den Panzer scheinen.

Während sie durch das Gehege wanderte, entdeckte sie plötzlich ein kleines Loch in der Erde. Die Umfassung des Geheges schloss nicht ganz dicht ab. Ihr kam ein Gedanke. Verstohlen kratzte sie ein bisschen an der Erde, vergrößerte dabei das Loch. Tatsächlich, die Erde war lose, das Loch ließ sich leicht vergrößern. Nach dem langen Winter fühlte Clementine sich ausgeruht und fit. Sie bekam Lust auf einen langen Nachtspaziergang im Frühling.

Im Laufe des Nachmittags buddelte sie weiter am Loch, aber sie achtete darauf, dass es unauffällig blieb. Die alte Dame sollte nichts bemerken, sich auch keine Sorgen machen. Sie gönnte sich ein Mittagsschläfchen und träumte dabei von einem netten Schildkrötenmann, mit dem sie ihre Tage verbringen könnte. *Man ist so jung wie man sich fühlt,* dachte sie. Schließlich sieht man mir meine 30 Jahre nicht an.

In der Nacht vergrößerte sie das Loch solange, bis sie unter dem Gehege hindurch schlüpfen konnte. Sie fühlte sich frei und unbeschwert, spazierte durch das Gartentor auf die Straße. Der Mond schien hell auf den Gehweg, sie kam gut voran und marschierte die Straße entlang. Sie war menschenleer, bis auf eine kleine Gestalt mit einer Puppe unter dem Arm, die ihr entgegenkam. Das Mädchen trug einen Schlafanzug und Hausschuhe. Es hielt die Augen geschlossen und murmelte vor sich hin. *Seltsam,* dachte Clementine. Sie ging nachdenklich durch einen Park bis zu einem Gemüseladen. Leider traf sie keinen Schildkröten-mann, aber daran dachte sie im Moment gar nicht. Das kleine Mädchen beschäftigte sie. Aus der Ladentür stürzten ein Mann und eine Frau. „Pauline!", riefen sie. „Wo bist du?" Der Mann wäre fast über Clementine gestolpert. „Hoppla", sagte er, „wen haben wir denn da?"

Die Schildkröte wollte ihn erst beißen, aber er tat ihr leid. Er suchte sicher sein Kind. Leider konnte sie den Menschen nicht erzählen, dass sie Pauline gesehen hatte.

Die Eltern gingen zurück durch den Park, aus dem Clementine gerade kam. Da lag das Mädchen fest schlafend auf einer Parkbank. Seine Mutter nahm sie behutsam auf den Arm und trug sie zurück.

Der Mann sah sich Clementine genauer an. „Du gehörst doch Frau Meyer aus der Ritterstraße Nr. 1, habe ich Recht?" Er ging mit ihr zu dem Haus und klingelte.

Margarete Meyer öffnete verschlafen. Er hielt ihr die Schildkröte entgegen. „Sie gehört Ihnen, stimmts?", fragte er. Margarete nickte. „Die kleine Ausreißerin kam uns auf der Straße entgegen. Unsere Tochter ist mal wieder im Schlaf gewandelt, wir mussten sie suchen."

Frau Meyer bedankte sich und nahm Clementine. „Du übernachtest heute in deiner Winterschlafkiste, meine Kleine", sagte sie. „Anscheinend muss man nachts gut auf dich aufpassen. Was ist bloß mit dir los? Frühlingsgefühle?"

Die Schildkrötendame wurde in die Kiste gelegt, die Frau Meyer neben ihr Bett stellte. Clementine ärgerte sich über sich selbst. Das hatte sie nun davon. Trotzdem fand sie den nächtlichen Spaziergang im Frühling schön. Aber nun würde sie erst mal schlafen.

~

Am nächsten Tag stellte Margarete das Gehege auf einen anderen Platz. Sie hatte das Loch entdeckt, durch das Clementine entkam. Die Schildkröte spazierte wütend durch die Gegend.

Sie machte wieder ihr Mittagsschläfchen, als Geräusche an ihr Ohr drangen. Margarete stand neben dem Gehege, öffnete einen Pappkarton und nahm ein Tier heraus. „Das ist Clemens", meinte sie, „damit du nicht mehr so alleine bist. Anscheinend sehnst du dich nach Gesellschaft".

Clementine betrachtete den Schildkrötenmann genau. Stattlich sah er aus, etwas größer als sie. Er gefiel ihr ausnehmend gut. Ein warmes Gefühl breitete sich in ihr aus. Sie erlebte etwas, das die Menschen mit Schmetterlingen im Bauch bezeichnen würden.

Lächelnd beobachtete Margarete Meyer die beiden Tiere, die sich langsam näherten. Sie schienen sich auf Anhieb gut zu verstehen, schritten Seite an Seite durch das Gehege und fraßen ab und an etwas Löwenzahn.

„Ach, der Frühling ist doch schön", seufzte sie und ging zurück ins Haus. Vielleicht sollte sie den netten Nachbarn mal zu einem Kaffee einladen. Dieser Frühling könnte auch für sie ein Neuanfang werden.

Frühjahr ist auch nicht alles besser ...

Andreas Herkert-Rademacher

In der kalten Zeit wird gierig
auf den Start des Lenz gewartet.
Nur: in Deutschland ist das schwierig,
denn, sobald der Frühling startet,

er die ersten Sonnenstrahlen
durch die dichten Wolken sendet,
kauft man andernorts Sandalen,
doch der Deutsche murrt: „das blendet.“

Sobald Beete sich verändern,
erstes Grün spitzt aus den Knollen,
freut man sich in Nachbarländern,
hier erwacht die Angst vor Pollen.

Wenn die Blüten sich dann zeigen,
farbig aus den Knospen sprießen,
spürt man schon den Unmut steigen:
„Mist, bald heißt es täglich: Gießen!“

Eines ist beim *Michel* fraglos:
dass er vieles schnell vergisst.
Und nur seltenst bleibt er klaglos,
rasch schon wird der Schnee vermisst.

Kurz zuvor noch *Straßenstörung,*
die man auch noch räumen musste,
nun folgt Wehmut auf Empörung,
wieder siegt das Unbewusste.

Kaum dem Winterschlaf entronnen,
folgt die Frühjahrsmüdigkeit!
Ganz egal, mit welchen Wonnen
sie auch reizt, die Jahreszeit,

man entdeckt die Krux dahinter.
Sie ist stur, die deutsche Eiche.
Und im Sommer, Herbst und Winter,
da geschieht genau das Gleiche!

Ein Schuss

Juliane Barth

Es beginnt endlich zu grünen,
alle sich wieder versühnen.
Bald wird alles prachtvoll erblühen
und innige Freude versprühen.

Hoffnung auf Hoffnung

Emma Jolie Krohn

Sonnenstrahlen betasten vorsichtig den kargen Boden. Recken sich, während sie stetig an Kraft gewinnen. Erste, tapfere Blüten strecken sich ihnen eifrig entgegen. Von Sehnsucht nach Lebendigkeit getrieben, lassen sie die schützende Erde hinter sich. Die Welt saugt sich mit Farbe voll. Zu lange wie ausgewrungen gelegen, verzehrt sie sich nun nach Leben. Die Ruhe wird entschlossen verdrängt.

Seichter Wind verfängt sich in frischem Grün. Verspielt stößt er Blütenkelche an und taumelt zwischen jungen Gräsern. Blätter drehen sich nach ihm um, schauen ihm nach, ohne ihn je gesehen zu haben.

Die warme Luft trieft vor neu erwachten Klängen. Es mischt sich ein wenig Hoffnung hinein. Wenn man genau achtgibt, kann man die Sonnenstrahlen ausgelassen tanzen und das Leben leise kichern hören. Die Luft schmeckt ein wenig nach Hoffnung auf Hoffnung.

Frühlingsmelodie

Oliver Fahn

Fröhliche Zeit, erwachen, beginnen,
Krokusse, Tulpen, Narzissen schießen,
welch ein Erleben mit sämtlichen Sinnen,
mein Herz möcht in jenem Aufbruch ersprießen.

Kein Schnee, der noch schmatzt unter den Füßen,
die Flure geflutet von seidenem Licht,
will sich meine Laune in Liedern ergießen,
die vertonen, was die Saison uns verspricht.

Meine Schritte ein Tanz, erhaben und weit,
meine Blicke offen, saugen an Bäumen,
erfüllt bin ich von erbebender Heiterkeit,
die sich im Winter nicht ließe erträumen.

Ein erblühender Mensch, eingebunden ins Vogelkonzert,
Amseln und Lerchen lechzen nach verlängerten Tagen,
mit ihnen zu tirilieren, sich nichts in meiner Seele versperrt,
will ich meine Zuversicht lächelnd und singend austragen.

Das Nest im Garten

Imke Brunn

Der leichte Frühlingswind pustete durch den Garten und wiegte die schweren gelben Blütenzweige der Forsythien sanft hin und her. Glücklich lächelnd schaukelte die junge Frau ihr Baby im Wagen, während die vierjährige Tochter Mila selbstvergessen mitten in einem großen Fleck voller Gänseblümchen saß und vorsichtig eines nach dem anderen pflückte. Die Oma hatte versprochen, ihr aus den kleinen weißen Blumen einen Kranz zu flechten, wenn sie ihr genügend davon mit langen Stielen brachte.

Gänseblümchen hatte Oma die Blumen genannt. Die Blütenblätter so weiß wie Gänsefedern und die Mitte der Blume so gelb wie der Schnabel der dicken Gänse, die im Nachbargarten laut schnatterten. Das fand das kleine Mädchen lustig.

Lauschend hob Mila den Kopf. Aber noch immer war nichts von Oma Ilse zu hören, die in dem lustigen Häuschen auf Stelzen einen Mittagsschlaf machen wollte.

Oma hatte erzählt, dass manchmal, wenn es viele Tage geregnet hatte, der Fluss nicht dort auf der anderen Seite der Straße blieb, wo er jetzt floss. Er hatte dann so viel Wasser, dass er zu Besuch bis in den Garten kam. Weil vom Wasser alle Möbel und der schöne flauschige Teppich nass werden würden, hatte man das Haus auf Stelzen gesetzt. Da konnten dann bei einer Überschwemmung die Fische bis unter das Häuschen schwimmen, aber das Wasser kam nicht hinein.

Es war still, nur die Bienen summten und Vögel zwitscherten in den Büschen. Eine dicke Hummel landete auf einer Blüte neben ihrem Knie. Mit vor Staunen weit aufgerissenen Augen beobachtete Mila, wie weit sich das Blumenköpfchen unter der Last zum Boden neigte. Als die Hummel wieder weiter zur nächsten Nektarquelle flog, richtete sich die Pflanze auf ihrem zarten Stängel rasch wieder auf und schnell pflückte das Mädchen auch diese Blume und legte sie zu den anderen. Nachdenklich betrachtete sie den Haufen Gänseblümchen in ihrem Körbchen. Es waren so viele. Bestimmt würde das für einen hübschen Kranz reichen. Ob Oma wohl auch für ihre Puppe Käthe einen Kranz flechten würde?

Die leuchtend gelben Blüten vom Löwenzahn hatten es Mila angetan. Das würde so hübsch aussehen auf den blonden Haaren. Oma hatte ihr die Blätter gezeigt. Die sahen wirklich aus, wie Zähne und die vielen schmalen gelben Blätter an den Blüten, die sahen genauso aus, wie der Löwe Leo in ihrem Lieblings-Bilderbuch. Oma Ilse hatte die Blätter von kleinen Pflanzen gepflückt und gesagt, daraus würde sie am Abend einen leckeren Salat machen.

Rasch pflückte sie eine der gelben Blumen und schaute sie sich genau an. Erstaunt sah sie, dass etwas weißes, wie Milch aus dem Stiel hervorkam. Neugierig tupfte sie damit auf ihren Handrücken. Leise kichernd erkannte sie einen kleinen weißen Ring auf der Hand. Als aus der Blume kein

Saft mehr kam pflückte sie die nächste. Vor Konzentration mit den Zähnen an der Unterlippe nagend, setzte sie immer weitere Tupfen daneben, bis die ganze Hand mit einer Blume aus kleinen Kreisen bedeckt war.

Endlich kam Oma Ilse aus dem Haus. In jeder Hand ein Tellerchen mit einem Stück Kuchen. „Im Kuchen sind jetzt die letzten Äpfel vom Herbst, jetzt sind sie alle verbraucht", sagte sie mit einem freundlichen Blick auf die friedliche Familie. Dann zeigte sie auf kleine Pflänzchen im Garten, bei denen sich gerade die ersten winzigen weißen Blüten über den gezackten Blättern öffnen wollten. „In vier Wochen gibt es schon den ersten Erdbeerkuchen", fuhr sie fort.

Als wäre der duftende Apfelkuchen ein Magnet, der ihn angezogen hatte, erschien in diesem Moment auch Opa am Gartentürchen.

„Ich habe etwas ganz Besonderes gefunden, das muss ich dir unbedingt zeigen", sagte Opa Herbert zu Mila. „Komm mal mit. Du musst aber ganz leise und sehr vorsichtig sein. Sonst erschrecken wir sie."

Voller Freude schmiegte sich die kleine Kinderhand in die schwieligen Pranken des Großvaters. Fröhlich trippelte sie in ihren kleinen Schühchen neben den großen Stiefeln her, die das hohe Gras für sie teilten.

Opa ging mit vorsichtigen Schritten zum Rand des Grundstücks, dort, wo sich an der Grenze die Natur ungestört ausbreiten konnte. Ein kaum wahrnehmbarer Pfad führte durch das schon jetzt im Frühjahr hohe Gras. Bei den Büschen, an denen die kleinen hellgrünen Blätter sich den Sonnenstrahlen entgegenstreckten, hielt Opa an. Mit einer deutlichen Geste legte er den Finger auf den Mund und das kleine Mädchen schaute mit verwunderten Augen still in die Richtung, in die die große Hand zeigte. Fragend schaute sie in das Gesicht des Großvaters. Sie konnte nicht erkennen, was er ihr zeigen wollte. Nachdem er den Finger noch einmal sanft auf ihre Lippen gelegt hatte, hob er die Enkelin vorsichtig hoch.

Lautlos öffnete sie ihren Mund zu einem großen erstaunten „O". Von oben konnte sie es jetzt sehen. Drei kleine grau-braune Fellknäuel mit langen pelzigen Öhrchen lagen regungslos in einer kleinen Mulde aus Gras unter den gelb blühenden Zweigen. Das Einzige, was sich bewegte, waren die Spitzen der kleinen Ohren, die von Zeit zu Zeit leicht zuckten und die winzigen Schnäuzchen, die ununterbrochen zu schnuppern schienen.

„Sind das die Babys vom Osterhasen?", flüsterte Mila ganz leise in das Ohr des Opas.

Vorsichtig trat der große Mann mit dem Kind auf dem Arm zurück und entfernte sich etwas vom Nest. „Nein, das sind keine Osterhasen. Oder hast du da bunte Eier gesehen? Das sind richtige Feldhasen. Die Mama hat ein Nest für ihre Babys gebaut und kommt nur zu Besuch, wenn sie Hunger haben. Den Rest des Tages sitzen die Kleinen da ganz still, damit kein hungriger Fuchs sie finden kann. Auch wir dürfen da nicht näher herangehen. Sonst bekommen sie zu viel Angst", erklärte er. „Das verstehst du schon – oder?"

Dem Mädchen war an der gekrausten Stirn anzusehen,

wie intensiv sie über das Gehörte nachdachte. „Wenn die Hasenmama Angst hat und nicht mehr zu ihren Babys kommen will, dann bekommen sie nichts zu essen und haben ganz viel Hunger? Meinst du die könnten in meinem Puppenhaus wohnen? Dann bringe ich ihnen jeden Tag Gras und füttere sie", flüsterte sie leise.

Opa Herbert lachte leise. „Nein, da möchten die bestimmt nicht wohnen", sagte er. „Du wärst bestimmt auch nicht einverstanden, wenn du immer hier im Haus bleiben müsstest und deine Freundinnen nicht besuchen kannst. So geht das den Häschen auch. Die wollen über die ganze Wiese rennen und im Wald spazieren gehen. Vor Menschen haben sie große Angst. Zum Gras fressen sind sie noch zu klein. Das sind Babys, wie deine kleine Schwester. Die müssen noch bei ihrer Mama Milch trinken."

Mit großen aufmerksamen Augen nickte das Kind ganz ernst. „Opa, wenn wir einmal am Tag ganz leise gucken gehen, meinst du, das halten die Häschen aus? Die sind so niedlich. Ich möchte nicht, dass sie Hunger bekommen oder Angst haben müssen."

Gütig lächelnd streichelte Opa über das blonde Haar. „Ganz genau, so machen wir das", sagte er. „Immer, wenn Oma ihr Mittagschläfchen hält, gehen wir beide ganz leise hin und schauen, was die Häschen machen. Und abends, bevor du ins Bett gehst, setzen wir uns ganz still und leise auf die Veranda am Haus. Wenn wir mucksmäuschenstill sind, können wir vielleicht sehen, wie die Hasenmama über die Wiese läuft."

Der Hase und das Kind

Anja Kubica

Ein Hase sitzt im Gras
ihn juckt die kleine Nas
Er niest ganz laut herum
und verliert den Korb darum

Im Gras verteilt sind nun die Eier
aus Schokolade für die Osterfeier
Der Has' kann sie nicht finden
unter all den grünen Linden

Zu den Menschen hoppelt er geschwind
und fragt das kleine Kind
Ob es ihm hilft beim Suchen
zwischen all den hohen Buchen

Das Kind rennt hin und her
ihm fällt das Suchen gar nicht schwer
Schnell hat es alle Eier
aus Schokolade für die Osterfeier

Eistanz

Ingrid Ostermann

Eine Wiese
Im Brautschleier
Aus Eiskristallen
Von der Sonne geküsst
Wird der Schleier
Zum Nebelgeist

Sanfter Wind
Spielt zum Brauttanz auf
Nebelflämmchen
Wiegen sich im Takt
Steigen auf
Und verweh'n

Nackt nun
In leuchtendem Grün
Gibt sich die Wiese
Dem Werben der Sonne hin

Diegos Frühlingstouren

Monika Moritz

Darf ich mich kurz vorstellen? Ich bin Diego, ein braun-weiß gestreifter Kater. Nun lebe ich bei Frauchen, die mich sehr verwöhnt, aber ich bin schon weit herumge-kommen. Eigentlich war ich ein streunender Straßenkater in Griechenland. Halbverhungert, haben mich Freunde von Frauchen kurzerhand vom Urlaub mitgenommen, damit ich ein richtiges Zuhause bekommen sollte. Und tatsächlich sorgt Frauchen gut für mich. Immer gibt es genug zu fres-sen – sonst maunze ich so kläglich, dass Frauchens Herz mein lautes Klagen nicht lange aushält. Das Einzige, was ich anfangs nicht verstanden habe, war, dass sie mich zu einem Tierdoktor gebracht hat, der mir nicht nur viele Impfungen gegeben, sondern auch einen Schnitt gemacht hat, der zunächst höllisch wehtat, aber der dann doch rasch verheilte. Frauchen wollte nur verhindern, dass ich viele Katzenbabys zeugen würde. Mit anderem Wort, ich bin kastriert. Das bedeutet, dass ich frei herumlaufen kann. Also, alles hat seinen Preis! Ich bin zwar nicht gefragt worden, aber ich kann mit der Lösung gut leben.

In Griechenland war ich ja die Hitze gewohnt, daher motiviert es mich im langen Winter überhaupt nicht, vor die Tür zu gehen. Da liege ich lieber auf der warmen Heizung auf meiner kuscheligen Decke und schaue, ob ich nicht vielleicht ein Leckerli abstauben kann, wenn Frauchen etwas nascht. Ja, das haben wir gemeinsam! Sie liebt Wurst – und ich auch! Im Winter lege ich dann gewisse Reserven an – die Menschen sagen dazu *Hüftgold.*

Wenn die Temperaturen draußen dann endlich wärmer werden, wache ich unvermittelt aus der Winterlethargie auf. Dann juckt es mich in den Pfoten und ich maunze laut vor der Terrassentür, weil ich endlich wieder raus will. Und wie ein Pfeil schieße ich dann aus der Tür. ENDLICH wieder Freiheit! Alles gilt es draußen neu zu entdecken, obwohl ich eigentlich die ganze Umgebung wie meine Westentasche kenne. Aber diese Gerüche – so viele frische Fährten. Jede Faser meines Körpers vibriert. Ich krieche durch jedes noch so kleine Loch im Gartenzaun. Meine Highlights des Tages? Stolz lege ich alle erlegten Mäuse vor die Terrassentür, damit mich Frauchen loben kann. Ich jage für mein Leben gern! Wenn ich die Beute dann habe, kann es schon passieren, dass ich erst ein bisschen anknabbere, bevor ich sie dem Frauchen präsentiere. Sie schaut mich dann ganz komisch an, sagt aber nichts, also nehme ich an, sie ist dennoch zufrieden mit meiner Beute.

Die Jagd wird mir nie langweilig, und weil ich so unermüdlich unterwegs bin, verliere ich im Frühling immer viel Gewicht. Als erschlankter Kater kann ich noch viel besser rennen.

Eigentlich hatte ich schon damit abgeschlossen, denn schließlich war ich kastriert. Aber eine Häuserzeile weiter ist eine neue schwarz-weiße Katze eingezogen, die sich immer manierlich hinsetzt und hingebungsvoll ihr Fell mit ihrer rosaroten Zunge säubert, sobald sie mich sieht. Und völlig hormongesteuert bilde ich mir natürlich ein, dass sie sich nur für mich so sauber putzt. Sie will mir wohl sagen *Siehst du, Diego, wie schön ich bin? Wenn du aufhörst, Mäuse zu jagen, sähe dein Fell auch glänzender aus. Dann könnten wir Freunde sein.* Und was denke ich Trottel? *Keine Katze kann so schön sein, dass ich auf mein Lieblingsspiel, der Mäusejagd, verzichte. Lieber ein dreckiges Fell als keine appetitliche Beute.* Deshalb habe ich mir jetzt angewöhnt, einen Bogen um sie herum zu machen, wenn ich sie sehe, denn die Enttäuschung in ihren Augen schmerzt mich doch. Schließlich sind hier in der Hausanlage nicht viele Kater – und schon gar nicht so erfolgreiche Jäger wie ich.

Manchmal frage ich mich natürlich, wie es wäre, ihr Freund zu sein. Würde sie mich mit in ihr Haus nehmen, und ich könnte aus ihrer Schüssel fressen? Bekommt sie etwa besseres Fressen als ich? Das herauszufinden reizt mich natürlich sehr. Wenn ich aber ernsthaft drüber nachdenke, so komme ich zu dem Ergebnis, dass mir meine Freiheit wichtiger ist, als ein Leben als Schmusekater. Das führe ich ja eh in den Wintermonaten. Es ist gemütlich und bequem, ja! Das Leben ist aber so viel mehr als nur faul herumzuliegen. Der Frühling lässt mich wieder zum Streuner werden. Es kann auch passieren, dass ich nachts gar nicht nach Hause komme. Ich weiß, was ich damit Frauchen antue, die sich sicher viele Sorgen macht, ob mich wohl ein Autofahrer überfahren hat. Dann aber sage ich mir, wenn ich morgens wieder da bin, damit sie mir das Frühstück servieren kann, verzeiht sie mir sofort und ist wieder glücklich.

Das Frühjahr ging dahin, und dann plötzlich tauchte ein anderer Kater mit schwarzem, glänzendem Fell und weißen Pfoten auf. Ich dachte, ich hätte nicht richtig gesehen, doch ein Irrtum ist ausgeschlossen. Ein Kater – hier – in meinem Revier? Was will der hier? Und die Katzendame schaut ihm schamlos hinterher und beachtet mich nicht mehr. Das darf doch wohl nicht wahr sein! Also nähere ich mich ihm vorsichtig. Seine Körpersprache signalisiert mir, dass er mich nicht als Feind sieht, seine Neugier überwiegt. Schließlich ist ja wohl genug Platz in der Wohnanlage für mehr als zwei Kater. Andererseits scheint er hormongesteuert zu sein. Vielleicht ist er gar nicht kastriert, sondern kann mit meiner Katzenprinzessin süße Katzenkinder bekommen? Eifersucht nagt in mir, ein Gefühl, das ich bis jetzt gar nicht kannte. Jetzt muss ich reagieren – bloß wie? Soll ich ihn verjagen, damit er sich nicht mehr vor die Tür traut, oder soll ich meiner Prinzessin endlich die schönen Augen machen, die sie längst von mir erwartet? Vielleicht will sie gar keine Katzenbabys bekommen? Vielleicht braucht sie ja vor dem anderen Kater meinen Schutz? Sooo viele offene Fragen! Nachdenklich ziehe ich mich erst einmal zurück.

Zu Hause angekommen ist Frauchen verwundert mich zu sehen, denn das ist im Frühling überhaupt nicht die richtige Zeit für mich, heimzukommen. Sie ist begeistert und richtet mir sofort eine Extraportion Fressen her. Mit vollem Bauch bin ich wieder gemütlich und brauche auch ein bisschen Zuwendung. Also liege ich zufrieden auf ihrem Schoss und lasse mich streicheln, während sie am Computer arbeitet.

Aber schon nach einer Stunde muss ich wieder raus. Mein Ziel? Das kleine gemauerte Bassin der Nachbarin, in dem Goldfische schwimmen. Ich würde jetzt gern so einen Fisch verspeisen! Meine Pfote stupst ins Wasser – oooh haaalt! – aber mit einem Plumps lande ich im eiskalten Wasser. Ich hasse Wasser – immer! Aber kaltes Wasser ist das schlimmste! Leider werden meine Beine sofort fast unbeweglich – HILFE! – Ich will nicht ertrinken! Da schießt der neue Kater um die Ecke. Als er mich sieht, kommt er an den Beckenrand und reicht mir seine Pfote. Kräftig stützt er sich ab, als ich mich mühsam und mit letzter Kraft an ihm herausziehe. Stolz miaut er so laut, dass auch meine Prinzessin angerannt kommt. Die Nachbarn haben die Gartenmöbel schon wieder rausgestellt. So springen wir drei auf die weichen, trockenen Kissen, und die beiden fangen an, mich warm und trocken zu schlecken. *Ja, so fühlt sich echte Freundschaft an*, denke ich, als ich dankbar und eng an meine neuen Freunde gekuschelt, sofort einschlafe. Welch ein Abenteuer!

Fräulein Winter

Katja Lippert

Eine schmale Gestalt –
das Kleid glänzt matt weiß.
Die Finger sind kalt,
das Herz pumpt heiß.

Die Haare fallen –
reißend in eiskalten Bächen dahin.
In Sehnsucht, Lust. Ein Wallen.
Steckt Liebe und Hoffnung darin.

Geknebelt im Gewand der Finsternis.
Gefangen in Frost, in Eis!
Wolkenverhangen, ein Hindernis.
Der Blick zur Sonne verwaist!

So ziert sie die Zeit -
November bis März.
Ist stets bereit.
Öffnet ihr Herz ...

Dann darf sie erblühen.
Ein Strahlen! Ein Glanz!
Doch ohne Mühen,
verschwindet sie ganz.

Fräulein Winter genannt,
verschmilzt im wachsenden Farbenmeer.
Hat sie so spät erkannt,
Gefahr droht ihr sehr!

Im Vogelgezwitscher zwischen Blütenbergen ...
Im Sonnentanz die Wärme siegt.
Wird sie das Schwinden ihrer Kräfte merken,
wenn sie im nassen Totenbett liegt?

Lenzing

Andreas Rucks

Schneeglöckchen sprießen,
läuten leis den Frühling ein.
Auch die Knospen an den Bäumen
laden wieder ein zum Träumen.

Blind Date

Anni Christen

Die ersten warmen Sonnenstrahlen in diesem Jahr. Jana blinzelte, bevor sie die Augen ganz schloss und sich dem Genuss der ersten Kugel Erdbeereis in diesem Jahr hingab. Sie spürte, dass sich jemand neben sie auf die Parkbank setzte. „Hast du dir auch eine Kugel Eis geholt?"

„Nein?", antwortete eine Männerstimme.

Erschrocken riss sie die Augen auf und starrte irritiert in zwei blaue Männeraugen, die sie amüsiert musterten. „Tut mir leid", stammelte sie. „Ich dachte, meine Freundin hätte sich zu mir gesetzt. Ich warte schon eine Weile, wir wollen in das Frühlingskonzert unserer Lieblingsband."

„Ich stehe natürlich sofort auf, wenn deine Freundin kommt."

„Schon gut, sie hat sich verspätet. Ich bin Jana", stellte sie sich vor. „Wartest du auch auf jemanden?"

Er strich sich verlegen über das Kinn. „Ich heiße Leonhard, aber sag einfach Leon. Ich warte auf jemanden, ich habe nur keine Ahnung auf wen."

„Warum weißt du nicht, auf wen du wartest?"

Wieder strich er über sein Kinn. „Das ist kompliziert."

„Ein Blind-Date?"

„Wenn du das so sagst, wahrscheinlich schon. Meine Kollegin hat mich gebeten für sie einzuspringen. Sie ist mit einer Freundin verabredet und kann nicht kommen. Ich soll sie vertreten."

„Darauf hast du dich eingelassen?"

„Meine Kollegin kann sehr überzeugend sein."

„Wie heißt dein Date?"

„Keine Ahnung. Ich weiß weder, wie sie heißt, noch wie sie aussieht. Meine Kollegin meinte, ich würde sie schon erkennen oder sie mich."

„Das ist mutig. Vielleicht kann ich dir helfen." Der Typ war nett und tat Jana irgendwie leid. Sich auf so ein Abenteuer einzulassen wäre ihr nie in den Sinn gekommen. Sie sah sich um und suchte nach Frauen, die auf jemanden zu warten schienen. „Was ist mit der Dunkelhaarigen rechts neben dem Eingang?"

Leon folgte ihrem Blick, in dem Moment drehte sich die Frau um. „Meinst du nicht, sie ist ein wenig zu alt für ein Date mit mir?"

Erst jetzt sah Jana, die tiefen Falten im Gesicht der Frau. „Vielleicht magst du ältere Frauen. Hat deine Kollegin denn angedeutet, wie alt ihre Freundin ist?"

„Sie ist in meinem Alter, deshalb denke ich, ihre Freundin auch."

„Na gut, wie wäre es mit der Brünetten am Eisstand?"

„Nein, sie hat zwei Eis gekauft und da kommt auch schon jemand auf sie zu. Aber die Blonde mit den langen Haaren und den hohen Schuhen könnte es sein."

„Im Ernst? Stehst du auf solche Frauen?" Dabei sah sie auf ihre Jeans und die Sneaker.

„Eigentlich nicht. Aber welche ist es denn nun?" Leon

erhob sich. „Ich spreche sie mal an."

Etwas wehmütig sah Jana ihm nach und beobachtete, wie die blonde Frau ihn von oben bis unten musterte. Sie warf ihr blondes Haar zurück und wandte sich einem älteren Mann im Anzug zu. „War wohl nichts?", sagte Jana, als Leon sich wieder zu ihr setzte. Verlegen schüttelte er den Kopf.

„Was ist mit dir? Deine Freundin hat dich versetzt. Lass uns zusammen ins Konzert gehen und anschließend noch was essen. Wir kennen uns doch jetzt und um ehrlich zu sein, ich habe keine Lust, mit einer Fremden der Musik zu lauschen."

„Ich bin doch auch eine Fremde."

Er sah ihr in die Augen. „Ich habe das Gefühl, wir sind schon lange befreundet und mit dir könnte ich Pferde stehlen."

Janas Handy klingelte und zerstörte diesen wunderbaren Moment. Etwas wehmütig sah sie ihm nach, als er aufstand und sich ein wenig entfernte, um sie bei ihrem Telefonat nicht zu stören. Sie hörte ihrer Freundin nur halb zu und sah, wie Leon sich einer Frau in ihrem Alter näherte und sie ansprach. Entschieden schüttelte diese den Kopf.

Erleichtert konzentrierte sich Jana auf ihre Freundin. „Ich habe dir nicht ganz zugehört, kannst du das noch einmal wiederholen?", bat Jana.

„Ich kann nicht kommen. Stattdessen habe ich einen Kollegen gebeten dich zu begleiten. Er heißt Leon und ist wirklich nett. Lass ihn nicht gleich abblitzen und nein, ich will dich nicht verkuppeln."

Den letzten Satz hatte Jana schon gar nicht mehr verstanden. Entschlossen ging sie auf Leon zu. „Guten Tag, Fremder, meine Freundin Kira sagte, du bist meine Begleitung für das Konzert."

Leon strahlte sie an und reichte ihr die Hand. „Das beste Blind-Date."

Meise im Kirschbaum

Ingrid Ostermann

Die kleine Meise
Sitzt aufgeplustert
Im blühenden Kirschbaum
Putzt ihr Gefieder
Schwingt sacht
Mit dem biegsamen Ast

Sonnenzauber

Thorfalk Aschenbrenner

Oh Sonnenschein, da bist Du ja!
gar freudig schon erwartet,
der Winter – elend lang und kalt,
so nass und klamm geartet.

Die Wärme fährt ins Wurzelmark,
es keimt in Farbenpracht,
hinein die Saat ins kühle Schwarz,
dass Leben bald erwacht.

Die Schatten sind heut gern geseh'n,
nur Zier dem Lichterstrahl,
des Sommers Boten auf dem Weg,
den Frühling zum Gemahl.

Oh Sonnenschein, da bist Du ja!
lässt Seelenwohl gedeihen,
die Lust badet im Strahlenmeer,
um Schwermut zu vertreiben.

Die Lerche überm Felde schallt,
erzählt von ihren Mühen,
von Hoffnung auf Beständigkeit,
damit nach langer, welker Zeit
die Herzen wieder blühen.

Der alte Mann am Fluss

Monika Schillinger

Ich liebte den Frühling schon immer. Mit 15 Grad und Sonne war es nicht zu warm und nicht zu kalt. Ein leichter Wind bewegte die ersten grünen Blätter an Bäumen und Sträuchern. Die weißen Wolken zogen am blauen Himmel weiter und bildeten ständig neue Figuren. Gerade konnte ich noch eine Katze im Sprung erkennen, schon verschmolz die Katze mit einer weiteren Wolke zu einem Drachenkopf.

Das Leben auf dem Land erwachte wieder zu neuer Energie. Die Vögel begannen eifrig mit ihrem Nestbau, Kühe und Pferde standen wieder auf satten grünen Weiden, erste Blüten lockten Bienen, Wespen und Hummeln an die Arbeit. Alle Farben waren so frisch und intensiv, fast wie auf einem Reiseplakat.

An solchen Tagen genoss ich die langen Spaziergänge mit meinem irischen Wolfshund ganz besonders. An Tagen wie heute spürte ich das Leben ganz besonders. Auch Jack, mein Hund, musste alle frischen Gerüche und Spuren genau untersuchen und beschnüffeln. Ich ließ ihn von der Leine, sobald wir am Flusslauf angekommen waren. Hier störte er keine Fahrradfahrer und um diese Uhrzeit am Vormittag auch keine Kinder. Er rannte immer zehn bis zwanzig Meter vorneweg, dann blieb er stehen und sah sich nach mir um, um sicher zu sein, dass ich noch da war. Sobald ich ihm das antrainierte Zeichen mit der Hand gab, lief er weiter. Das Wasser im Fluss stand hoch, nach den letzten starken Regenfällen. Es rauschte so laut, dass ich nicht mal das Zwitschern der Vögel wahrnahm. Nur noch ein paar Meter, dann kam die Bank mit Blick auf den Fluss, auf der ich immer eine Weile Pause machte, einfach nur um den Moment zu genießen.

Heute saß dort schon jemand. Ein älterer Herr, vielleicht um die 80 Jahre alt, eingehüllt in eine dicke, dunkelblaue Daunenjacke und Schal, dazu eine abgewetzte Jeans und Wanderschuhe, die bereits zahlreiche Kilometer hinter sich hatten. Er hatte volles, schulterlanges, weißes Haar. Im rechten Mundwinkel klemmte eine Pfeife, jedoch schien diese nicht angezündet worden zu sein. Oder die Glut hatte dem Wind nicht standgehalten. „Guten Morgen, stört es Sie, wenn ich mich zu Ihnen setze?"

Der Mann wandte seinen Blick sehr langsam vom Fluss ab, als hätte er dort gerade etwas Spannendes beobachtet, und sah mich mit fast meergrünen Augen und kleinen freundlichen Fältchen drumherum an. „Ganz und gar nicht, junge Frau, es ist mir ein Vergnügen." Er lächelte auf eine gütige Art und Weise, die es mir ganz warm ums Herz werden ließ. Ich sah diesen Mann zum ersten Mal und er war geschätzte fünfzig Jahre älter als ich – aber er zog mich sofort in seinen Bann. Diese Augen, so weit wie das Meer. Eine Aura, die so eine starke und gute und warme Energie ausstrahlt, dass man sich in seiner Nähe sofort geborgen fühlt. „Einen wunderschönen Hund haben Sie da. Ich hatte früher auch Hunde. Große Hunde. Sie waren als Kind meine besten Freunde." Sein Blick wurde wehmütig. Es versetzte mir einen Stich ins Herz, ohne dass ich hätte sagen können, warum. „Wissen Sie, zu meiner Zeit damals gab es das noch nicht, dass man mit einem Hund an der Leine spazieren ging. Also in der Stadt schon. Aber wir auf dem Land, bei uns konnten sich die Hunde frei bewegen, sie beschützten uns und das Haus und das Vieh. Wir hatten immer fünf bis sieben so große Hunde auf dem Hof. *Greif,* so hieß mein altdeutscher Schäferhund. Er war immer an meiner Seite. Morgens brachte er mich zur Schule und mittags wartete er dort, bis ich herauskam, und begleitete mich nach Hause. Ich war damals Messdiener in unserer kleinen Kirche. Und der Pfarrer musste mich immer wieder schicken, meinen Hund nach draußen zu bringen, der mir bis zum Altar folgte. Einmal ging meine Mutter im Dorf zum Friseur. Er war ihr gefolgt und wartete wie üblich draußen. Doch an dem Tag bat die Friseurin meine Mutter, den Hund aus dem Eingang zu entfernen. Er lag mitten vor der Tür und ließ niemanden mehr hinein oder hinaus." Der Mann lachte wehmütig. „Dieser Hund – er hatte offenbar ein stilles Abkommen mit einem unserer Hühner. Wenn dieses Huhn zu seiner Hundehütte kam, kam er heraus, damit das Huhn hineingehen konnte. Irgendwann fanden wir heraus, dass ihm dieses Huhn jeden Tag ein Ei in seine Hütte legte. Kaum war das Huhn gegangen, schnappte er sich das Ei und fraß es. Es gibt so viele Dinge zwischen Himmel und Erde, die wir noch nicht verstehen und vielleicht niemals ergründen werden." Sein Blick und seine Gedanken schienen weit weg zu sein. Viele

Jahrzehnte und zahllose Kilometer von hier entfernt.

„Hatten Sie später als Erwachsener auch noch Hunde oder zumindest einen Hund?", fragte ich. Er kam mir plötzlich so traurig und einsam vor.

„Nein", sagte er. „Ich konnte das danach nicht mehr."

Ich sah ihn fragend von der Seite an und bemerkte, dass Jack sich inzwischen vor uns gesetzt hatte und den Mann genauso aufmerksam anschaute, wie ich, als könnte er jedes Wort verstehen.

Der Mann streichelte Jack zärtlich über den Kopf und Jack rieb seinen Kopf in der knochigen, faltigen Hand. „Wissen Sie, wir mussten damals sehr kurzfristig aus unserer Heimat flüchten. Die Umstände waren kritisch, gefährlich, lebensgefährlich sogar. Wir flohen mit dem, was wir auf dem Leib trugen. Die Hunde mussten zurückbleiben – so wie auch alles andere, was uns am Herzen lag. Meine Eltern mussten ihre gesamte Existenz aufgeben. Als wäre das nicht schon schrecklich genug, erfuhr ich später, dass mein Greif elend verhungert war. Seit dem Tag, an dem ich ihn zurücklassen musste, hatte er kein Futter mehr angerührt. Er hat gewartet, dass ich zurückkomme, er hat getrauert. Sein Herz war gebrochen, genau wie meins."

Die Stimme des Mannes wurde brüchig, der Wind frischte auf, mich fröstelte. Ich sah Tränen in seinen Augen glänzen. Ich fühlte mich gleichzeitig todtraurig nach dieser Geschichte als auch überglücklich. Glücklich, dass ich an dieser Geschichte teilhaben durfte, glücklich, selbst so beschützt und behütet aufgewachsen sein zu dürfen. Wir trafen uns noch einige Tage immer wieder auf dieser

Bank. Ich kenne bis heute seinen Namen nicht, aber er hat mir noch einige lustige und auch traurige Geschichten erzählt. Plötzlich kam er nicht mehr.

Wenn ich heute in die Wolken schaue, denke ich an diesen Herrn. Und ich wünsche ihm von Herzen, dass er seinen Greif auf der anderen Seite wiedertrifft, wenn seine Zeit hier zu Ende geht.

Der ganz große Auftritt

Renate Düpmann

Inmitten vom ersten zarten Grün
gestreichelt von Sonnenstrahlen
saß ein kleiner wunderschöner Musikant
er war dem Himmel zugewandt
und trällerte seine ihm eigene Melodie

Es klang wie ein Loblied auf unsere Welt
die im Frühling neues Leben erhält
sein Publikum berührte er tief
der kleine Künstler, der nach dem Frühling
und bunten Leben rief

Das verdorrte Blümelein

Michael Jan Lars Kastor

Es war einmal eine Blume, so wunderschön, dass jegliches Wesen, das sie sah, von ihr entzückt war. Sie liebte das Sonnenlicht, dem sie dreimal am Tag von ihrem Besitzer ausgesetzt wurde, das Wasser, das besonders nahrhaft war, und vor allem liebte sie ihren Besitzer, der sie mit Zuneigung überhäufte.

Eines Tages aber ging ihr Besitzer außer Haus, da sein König ihn gerufen hatte. Er nahm die Blume liebevoll in die Hand, versprach, schnellstmöglich zu ihr zurückzukehren und ging. Die Blume, auf sein Wort vertrauend, wartete. Sie wartete, während ihre Blüten allmählich die Farbenpracht verloren. Sie bekam Durst und wartete dennoch voller Hoffnung auf die Rückkehr ihres Besitzers.

Die Liebe zu ihm ließ sie erst am einhundertsten Tag die letzte ihrer Blüten verlieren, doch der Herr kam nicht. Am zweihundertsten Tag fielen auch ihre einst grünen Blätter zu Boden. Dennoch hatte sie Hoffnung, dass ihre Liebe zurückkehren würde. Zum dreihundertsten Tage beugte sich die Blume langsam zu Boden. Sie hoffte noch immer, doch glaubte sie nicht mehr, dass sie in Erfüllung ginge.

Ein ganzes Jahr hatte die Blume ohne Sonnenlicht und Wasser überstanden, als ihr Besitzer die Tür betrat. Vor Scham wie sie, die einst so schöne Blume, nun aussah, versuchte sie verzweifelt mit letzter Energie ihr Antlitz zu bedecken. Doch hatte sie nichts mehr, was sie verbergen könnte.

Als der Besitzer sie aber sah, jubelte er vor Freude und weinte Tränen des Glücks, da seine geliebte Blume so lange auf ihn gewartet hatte. Und sie war die schönste Blume, die er je gesehen hatte.

Allergiker-Frühling

Katrin Streeck

Der Frühling schleicht von hinten an,
der März kriegt einen Schubser.
Die Drossel neckt den Amselmann,
mein Herz macht einen Hupser.

Die Blumen hau'n die Farben raus,
die Erde riecht nach Wiese,
Ich muss ganz schnell zurück ins Haus,
weil ich sonst nur noch niese.

Frühlingswonne

Lara Fernandes

Sonnenstrahlen kitzeln mein Gesicht.
Ich vermisse dich.
Doch ich weiß du bist hier,
ganz nah bei mir.

Bald kann ich dich wieder in meine Arme schließen,
deine Nähe genießen.
Bis dahin lenke ich meine Sinne auf das Wesentliche,
Hoheitliche.

Tulpen, ihr Duft lullt mich ein.
Ich will bei dir sein.
Orchideen, ihre Magie zieht mich in ihren Bann.
Warum bist du noch nicht mein Mann?

Es ist wie verhext,
ich habe vergessen, wie du schmeckst.
Vielleicht brauche ich dich nicht,
vielleicht brauche ich nur mich.

Hier fühle ich mich wohl,
ich sage Lebewohl.
Ich bin mir selbst genug,
und zudem auch noch klug.

Blumen!

Goethe, der Frühling und ich

Frauke Schuster

Es dringen Blüten
Aus jedem Zweig
Und tausend Stimmen
Aus dem Gesträuch ...

Soweit Goethe, zum Thema Frühling. Gut ist er, ich mag seine Texte. Sogar, obwohl wir etliche davon in der Schule lesen mussten. Toll, wie romantisch der Frühling bei ihm klingt! Aber ich bin kein Goethe. Sondern Mutter. Mit drei Kindern bleibt für romantische Verse weder Zeit noch Raum. Frühling ... woran merke *ich* eigentlich, dass die schönste Jahreszeit begonnen hat?

Der Nachbarsjunge reißt sein Fenster auf, nicht um *tausend Stimmen aus dem Gesträuch* zu hören, sondern damit ich den neuesten Metal-Sound gratis und in voller Lautstärke mitgenießen darf.

Im Flur falle ich über ein schlammbespritztes Skateboard, das niemand in den Keller trägt, weil man dafür mindestens zwei Minuten bräuchte. So viel Zeit kann mein Teenie nicht erübrigen, jetzt, wo es höchste Zeit wird, das Moped aufzufrisieren.

Statt gemütlich im Trockner zu rotieren, hängt meine Wäsche ökologisch-energiesparend im Freien. Beziehungsweise, sie hing. Weil der Hund – Rasse Tierheim-Mix – die Leine heruntergerissen hat und in Frühlingslaune auf einem feuchten Socken kaut.

Der Weißdorn öffnet seine bezaubernden Blüten, und meine Große sperrt sich mit Nasenspray und Augentropfen auf ihrem Zimmer ein. Weil sie vom bloßen Ansehen Niesanfälle kriegt.

Der Mann facht mit dem Blasebalg das störrische Grillfeuer an. Die Asche staubt durch mein Küchenfenster und sinkt auf die Blumen am Fensterbrett. Die nun aussehen wie nach dem Ausbruch des Eyjafjalla-Dingsda.

Auch die Tür zur Terrasse steht zum Lüften offen. Nachbars graue Katze schleicht in die Küche und stibitzt eins der zum Grillen bereitgestellten Würstchen. Bei ihrer Flucht mit der Beute wirbeln Katzenhaare durch die Luft; später werde ich sie in meiner Kaffeetasse finden.

Meine Jüngste verstreut ihre Schuhe im Garten, tritt barfuß auf eine Biene und brüllt, wie tausend Furien *aus dem Gesträuch*. Das kühlende Gel vom Vorjahr ist eingetrocknet, und die Apothekerin zur Kirschblüte in Japan.

Ja, sie ist angekommen, die schönste Jahreszeit. Mit unerbittlicher Härte.

Doch dann … Der Metal-Sound erstirbt, die Nachbarn fahren weg, zum Einkaufen oder nach Timbuktu. Meine Große radelt zu ihrer Freundin, weil man dort Influencer-Filmchen ohne Weißdorn-Attacken schauen kann. Mein Teenie, die Kleine, die Nachbarskatze und der Hund mit Socken im Maul drängen sich um den Grill, der mittlerweile herrliche Düfte verströmt.

Und plötzlich kann ich sie hören: eine zwitschernde Stimme *aus dem Gesträuch.* Wie bei Goethe. Erst zaghaft, dann immer lauter singt ein Rotschwänzchen vor dem Küchenfenster. Exklusiv für mich. Oder für seine Liebste. Aber das ist egal. Ein Lächeln stiehlt sich auf mein Gesicht. Frühling! Wie sehr ich ihn liebe! Trotz allem Chaos, oder vielleicht sogar deswegen. Weil endlich, endlich die Welt zu neuem Leben erwacht.

Goethezitat aus Mailied von Johann Wolfgang von Goethe, Quelle: DEUTSCHE GEDICHTE. Aus zwölf Jahrhunderten von Hans-Joachim Simm, 3. Auflage 2001, Insel Verlag Frankfurt am Main und Leipzig 2000, ISBN 3-458-17033-2.

Aus der Vogelperspektive

Hartmut Gelhaar

Die Zugvögel sind wieder hier,
sie weilten lange südlich.

Besetzen wieder ihr Revier.
Deutschland scheint gemütlich.

Doch werden Zahl und Lebensraum
seit Jahren klein und enger.

So manches Feld und mancher Baum
vermissen ihre Sänger.

Auch der Bestand an Schmetterlingen
geht Jahr um Jahr zur Neige.

Vermutlich kommt ein nächster Lenz
auf keine grünen Zweige.

Endlich wieder zu Wasser

Jochen Stüsser-Simpson

Abgeflossen Vergangenheit
Frühling wird es fließt die Zeit
nach dem Winter, welche Wonne
warm und wärmer scheint die Sonne

Wind steigt, es fällt der Wasserstand
die Ebbe zieht ins flache Land
vorbei an Geest, an Strand und Deichen
wir werden nicht die Segel streichen

ein Wiegen, Schaukeln, Wogenschlagen
nur Himmel, Wasser, Sonnenschein
sanft werden wir hinfortgetragen
zur Küste, in das Anderssein

es riecht, schmeckt schon von weitem her
wird bald zu hören sein: das Meer

Spätes Erkennen

Stephie Abels

Edith stand am Fenster und schaute hinaus in den Park. Nebel hüllte alles in diffuses Grau. Der Winter war lang dieses Jahr. Es war ein Anblick, der Edith beruhigte, wahrscheinlich weil er so vertraute Gefühle in ihr auslöste. Vereinzelt gingen Menschen spazieren, die Rollstühle mit in Decken verpackten Menschen schoben. Wer noch Besuch bekam, konnte sich glücklich schätzen, bedeutete es doch, an die frische Luft gebracht zu werden. Die anderen blieben auf ihren Zimmern. Manche lagen nur noch im Bett, das Leben reduziert auf den Blick an die Decke.

Edith setzte sich wieder in ihren Sessel und versuchte, sich auf ihr Buch zu konzentrieren. Mit Besuch brauchte sie nicht zu rechnen. Seit sie ihren Mann Ernst vor zwei Jahren beerdigt hatte, nach einer nüchternen Ehe mit ihren Pflichten, lebte sie hier im Seniorenheim.

Sie hörte, wie ihre Zimmernachbarin zurückgebracht wurde. Gertrud, so hieß sie, war in Demenz versunken, hatte aber das Glück, dass sie jeden Sonntag Besuch von ihrer Schwester bekam. Die fröhliche Stimme plauderte und redete mit Gertrud, meistens ohne eine Antwort zu bekommen. Edith merkte, wie dies eine Wut in ihr auslöste. *Die bekommt doch sowieso nichts mit,* dachte sie, *was macht die für ein Getue!* Erst als sie von nebenan das „Tschüss, bis nächste Woche!" hörte, konnte sie weiterlesen.

Renate, die Schwester von Gertrud, verließ derweil mit zügigen Schritten das Seniorenheim. Sie musste sich beeilen, denn in einer halben Stunde begann die Lesung. Die Buchhändlerin, eine ehemalige Schülerin von Renate, hatte sie dazu eingeladen. Renate mochte sie sehr, weil sie ihren Weg gefunden hatte und von der stillen Leseratte zu einer klugen Buchhändlerin und selbstbewussten Frau aufgeblüht war.

Renates eigener Weg war schmerzhafter gewesen. Natürlich hatten ihr Heinz und sie sich geliebt, das Studium war ihre glückliche Zeit. Renate war schon im Beruf, als Heinz seine erste Stelle bekam. Ab da war er der Meinung, dass Renate jetzt zu Hause bleiben und Kinder bekommen könnte. Renate war entsetzt, sie liebte ihren Beruf als Lehrerin. Eine Zeit mit viel Streit folgte, bis Heinz eines Tages verkündete, dass er sich von ihr trennen und Doris heiraten würde. Doris sei schwanger. Renate war aus allen Wolken gefallen. Als sie wieder einigermaßen Boden unter den Füßen hatte, stürzte sie sich in ihr Leben als Lehrerin.

Es war wieder Sonntag und immer noch kalt. Edith hatte sich überwunden und ging in ihrem dicken Wintermantel im Park spazieren. Vorsichtige Sonnenstrahlen streichelten ihr Gesicht, und sie blinzelte warm berührt.

„Siehst du, Gertrud, bald wird's Frühling. Die Sonne lockt schon, kann nicht mehr lange dauern", hörte Edith eine nervige, bekannte Stimme. Verärgert wandte sich Edith von der Sonne ab und sah, dass ihr Gertrud im Rollstuhl, geschoben von ihrer Schwester Renate, entgegenkam. Renate redete ohne Punkt und Komma. Edith trat einen Schritt zur Seite, um die beiden passieren zu lassen, und genau in dem Moment schauten sich Edith und Renate in die Augen. Renate verstummte. Edith schaute in warme braune Augen und hatte das Gefühl, sie könnten ihr bis auf den Grund ihrer Seele schauen. Schnell wandte sie den Blick ab.

Renate murmelte ein leises „Dankeschön" und Gertrud fragte laut: „Gibt's gleich Haferschleim? Ich will Haferschleim!"

„Ja, bekommst du", antwortete Renate. Der Moment war vorüber. Was war das gewesen? Renate war tief berührt von dem unerfüllten Blick dieser Frau. Sie brachte Gertrud zurück auf ihr Zimmer.

Edith war weitergegangen, ohne auf den Weg zu achten. Diese Augen gingen ihr nicht mehr aus dem Sinn. Was war das, was da in ihr angerührt wurde? Sie fühlte sich gesehen. Wie konnte das sein, da sie einander doch gar nicht kannten? So hatte sie noch nie ein Mensch angesehen.

Als sie die Tür zu ihrem Zimmer aufschloss, öffnete sich gerade die Tür nebenan. „Tschüss, Gertrud, bis nächsten Sonntag!"

Renate verließ das Zimmer, drehte sich zum Gehen um und lief Edith fast in die Arme. „Oh, Entschuldigung!" Renate hielt überrascht inne, fasste sich aber schnell. „Wie schön, dass wir uns wiedersehen. Ich heiße Renate."

Edith war zu verdutzt, um etwas sagen zu können.

„Und wie heißt du? Ich darf doch du sagen, hoffentlich?"

„Edith. Ich heiße Edith", stammelte diese und ärgerte

sich sofort über ihre Wortlosigkeit. Gleichzeitig merkte sie, wie sie rot wurde.

Renate lächelte sanft. „Wie schön, Edith. Sehen wir uns nächste Woche wieder? Ich muss jetzt leider los, aber nächsten Sonntag könnten wir vielleicht zusammen Abendessen gehen, oder?"

Edith war völlig überfordert mit der Situation. Eine Einladung zum Abendessen hatte sie zuletzt von Ernst erhalten, vor ihrer Hochzeit, als dieser damals um ihre Hand anhalten wollte. Verschämt murmelte Edith „Ja, gerne."

„Wunderbar, ich freue mich! Dann bis nächsten Sonntag." Und weg war Renate.

Edith schloss ihr Zimmer auf, hängte ihren Wintermantel an die Garderobe und setzte sich in ihren Lesesessel. Sie schloss die Augen und spürte dem Wirbeln der Gefühle in ihrem Innern nach.

Der nächste Sonntag war wunderbar sonnig und warm. Es war der erste richtige Frühlingstag in diesem Jahr. Edith war aufgeregt und fühlte sich lebendig wie seit sehr langer Zeit nicht mehr. Sie stand wieder am Fenster und schaute in den Park hinaus. Auf den Wiesen zeigten sich die ersten Krokusse, die fröhliche bunte Farbtupfer bildeten nach dem Grau des Winters. Das Leben blühte wieder auf.

Eine Person, die einen Rollstuhl schob, blieb stehen und winkte in Richtung von Ediths Fenster. Edith erkannte Renate und winkte zurück.

Kurze Zeit später klopfte es an ihre Zimmertür und Edith hörte die Stimme von draußen: „Hallo, Edith, ich bin's, Renate. Hättest du vor dem Abendessen noch Lust auf einen Spaziergang in der Frühlingsluft?"

Edith öffnete freudig die Tür. „Ja, sehr gerne." Sie schaute wieder in diese warmen braunen Augen und war gar nicht mehr so verwirrt, aber genauso tief berührt. Waren da etwa Schmetterlinge in ihrem Bauch?

Sie gingen die bekannten Wege im Park, und es waren noch viele andere Menschen unterwegs, aber das war für Renate und Edith egal. Sie unterhielten sich miteinander, und Edith nahm erfreut wahr, dass Renate genauso gut zuhören wie reden konnte. Und Renate war glücklich, dass ihr Gefühl sich zu bestätigen schien, dass hinter dieser abwehrenden Fassade eine tiefe Seele zu stecken schien.

Vor einem besonders großen Krokusfeld blieben sie stehen. „Schau mal, wie schön. Gelb und violett, diese Farben mag ich gerne", sagte Edith verträumt.

„Komplementärfarben, sie ergänzen sich", bemerkte Renate augenzwinkernd und nahm zögernd Ediths Hand. Als Edith ihre Hand nicht zurückzog, drehte sich Renate zu ihr hin. Sie nahmen sich in die Arme und hielten einander fest. Das Kribbeln und die Sehnsucht, die sie verspürten und die in ihren Leben bisher keinen Raum bekommen hatten, fanden ihr Gegenüber. Dann löste sich Renate etwas, um Edith einen kleinen scheuen Kuss zu geben. Vorsichtig blickte sie in Ediths Augen, und als Edith den Kuss erwiderte, erwachte in ihnen ein neuer Frühling. Nach einer gefühlten Ewigkeit tauchten sie aus ihrer innigen Versunkenheit wieder auf. „Abendessen?", schlug Renate vor. – „Mit dir immer", sagte Edith glücklich.

Wenn die Osterglocken läuten

Ilona Drivdal

So schön ist's hier im Sonnenschein,
wenn's Frühling wird im Klostergarten!
Hier kann ich tief besonnen sein,
am stillen Ort auf Ostern warten.

Wo steile Türme, strenge Mauern
den schmalen Pfad zum Himmel zeigen,
dort will ich mit dem Schweiß des Bauern
die Stirne tief zur Erde neigen.

Und Tränen gießend auf dem Grabe,
will ich, von Gnade wohl beschienen,
und dankend für die Gottesgabe
hier als des Klosters Gärtner dienen.

Und über allen dunklen Grüften
will ich Osterglocken pflanzen,
und dann in lauen Frühlingslüften
vor Lust und Lebensfreude tanzen.

Gesegnet von dem Sonnenschein,
mich streckend nach den lichten Zeiten
will ich des Klosters Glöckner sein,
und euch die Auferstehung läuten.

Der Pechvogel

Nico Schäffauer

Ein Vogel sitzt auf einer Stange,
sieht einen Wurm und fragt nicht lange.
Schwupp, da schnappt er
und dann fliegt er
den Wurm im Schnabel – *mhh* – den frisst er.

Matsche, schmatze, schling und schlang
kommt der Wurm im Bauche an.
Und etwas später, ei der Daus!,
kommt – *pups** - das Würmlein hinten raus.

Mitten im Flug, ojemine,
auf Herrn Knörkes großen Zeh.
Der erschrickt und fällt sogleich
in seinen kleinen Gartenteich.
Wischt den Schlamm aus dem Gesicht
Ein Glückstag war das heute nicht.

---

*mit der Zunge ein Pups-Geräusch machen

Pfingstrosenduft

Ella Groen

„Ich würde gerne mit Ihnen spazieren gehen, aber dazu
fehlt mir heute leider die Zeit. Dennoch sollen Sie etwas
frische Luft abbekommen." Lieselotte wird zu dem weit
geöffneten Fenster geschoben. Die Bremsen des Rollstuhls
rasten hörbar ein. Vor ihr geht eine junge Frau in Schwes-
terntracht in die Hocke. Sie legt die Hände auf Lieselottes
Knie und lächelt. Eine angenehme Wärme strömt durch
den dünnen Stoff der Hose in ihre Haut. Lieselotte lächelt
zurück und fragt sich, wie die junge Schwester heißt, die
immer so freundlich zu ihr ist. Das sind hier nicht viele.
Doch der Name ist ihr entfallen. Wie so vieles.

Gerade, als sie einen Blick auf das kleine Messingschild
werfen will, steht die junge Frau auf. „Ich schaue später
noch einmal nach Ihnen", sagt sie und zieht dabei eine
Decke aus dem oberen Schrankfach. Mit geübten Hand-
griffen drapiert sie diese über Lieselottes Knie und stopft
die Enden der Decke unter das Sitzkissen des Rollstuhls.
Dann klaubt sie ein Kissen vom Bett und legt es auf das
Sims. Gerne hätte Lieselotte ihr nachgeblickt, doch jede
Bewegung schmerzt. Will sie dem jungen Ding nicht noch
etwas sagen?

Sie weiß es nicht mehr, also begnügt sie sich damit, aus
dem Fenster zu blicken. Die Sonne lugt hinter einer Wolke

hervor. Mit geschlossenen Augen genießt sie die Wärme. Eine Biene summt an ihrem Ohr, kitzelt vorsichtig über die dünne Haut. Gerne hätte Lieselotte den Arm gehoben, um sie zu verscheuchen, doch es geht nicht. Diese verdammten Schmerzen. Dieser stetige Verfall. Wie lange soll sie das alles noch erdulden? Hat der liebe Gott sie vergessen? So wie sie ständig etwas vergisst?

Das Summen verschwindet. Lieselotte atmet erleichtert ein. Was ist das für ein Duft? Noch einmal zieht sie die Luft ein, beinahe gierig diesmal. Da zuckt eine Erinnerung durch ihr Gedächtnis. Erschrocken fährt sie sich mit der Hand an die Lippen, den Schmerzen zum Trotz. Kann es sein, dass er sie nach all den Jahren doch noch einmal besuchen kommt? Lieselotte reckt die Nase und schnuppert. Es riecht unverkennbar nach Pfingstrosen. Er hat es nicht vergessen.

Umfangen von dem Duft öffnet sie die Augen. Da steht er, nur wenige Meter vom Fenster entfernt. Paul, in seiner verwaschenen Latzhose über dem karierten Hemd. Er streckt ihr die Hand entgegen und sie lässt sich von ihm entführen. So wie damals. Als er sie von der Arbeit auf dem Feld entführt hat. Leise hat er sich angeschlichen, ihr von hinten auf die Schultern getippt und sofort den Finger auf ihre Lippen gepresst, als sie sich umwandte. Mit dem Kopf wies er hinter sich. Mit einem schüchternen Nicken willigte Lieselotte ein. Sie rannten los wie kleine Kinder und als sie sich in sicherer Entfernung wussten, begannen sie zu lachen, bis Lieselotte stehen bleiben musste, weil die Seiten schmerzten. Sie griff nach seiner Hand und nun spazierten sie über das Gras.

„Du, Paul", flüsterte Lieselotte, doch er legte ihr nur wiederum einen Finger auf die Lippen.

Sie sah ihm schweigend dabei zu, wie er Gänseblümchen zupfte, zu einem Strauß zusammenlegte und ihn ihr mit einer Verbeugung reichte. Sie hielt den Atem an. Bevor sie etwas sagen konnte, zupfte er ein Blümchen aus dem Strauß und steckte es ihr ins Haar. „Du bist wunderschön."

„Ich werde noch rot." Sie ärgerte sich, dass ihr nichts Besseres einfiel.

„Was muss ich tun, damit du endlich Ja sagst?"

Lieselotte lachte. „So einfach ist es nicht."

„Sag es. Ich tue alles für dich."

„Auch, dein Leben riskieren?", fragte Lieselotte und schlug ihm scherzhaft mit dem Strauß gegen den Arm.

Paul nickte ernst, was Lieselotte einen Seufzer entlockte.

Sie musste langsam umkehren. Der Hof der alten Malecki war nur wenige Meter entfernt und Lieselotte fürchtete, gesehen zu werden. Paul schien ihrem Blick gefolgt zu sein. Plötzlich rannte er los. Mit langen Schritten steuerte er auf das Haus zu und zerrte eine der Pfingstrosen aus dem Strauch vor dem Haus. Lieselotte traute ihren Augen kaum. Diese Rosen waren der Maleckis ganzer Stolz. Niemand durfte ihnen auch nur zu nahekommen. Die alte Dame musste Paul dabei erwischt haben, wie er an dem Strauch zerrte. Unter lautem Geschrei flog die Tür zum Garten auf. Noch mit Lockenwicklern im Haar trat die Malecki heraus und schrie etwas, das Lieselotte nicht verstand. Sie hörte nur Pauls Lachen. Dann sah sie, wie die Malecki das Gartentor öffnete und nach den beiden Bulldoggen rief. Immer noch lachend, kam Paul auf sie zu gerannt. Sie spürte seine Hand in ihrer und ließ sich mitziehen. Im Zickzack rannten sie über die Wiese in Richtung der Eiche. Mit einem Satz sprang Paul an dem Baum hoch, die Pfingstrose zwischen den Zähnen. Im letzten Moment zog er Lieselotte hoch. Dabei ließ sie den Strauß aus Gänseblümchen fallen. Sie blickte den Blumen nach, nach denen nun die Bulldoggen schnappten. Ihre Lunge brannte. Sie sah Paul an, legte eine Hand auf seine Brust, die sich wild hob und senkte. Sah sein spitzbübisches Lächeln. Mit einer Hand hielt er sie fest. Mit der anderen Hand nahm er behutsam die Pfingstrose und klemmte sie Lieselotte hinters Ohr. Zarter Duft umfing sie. Ein Duft, den sie niemals vergessen würde.

„Ich habe mein Leben für dich riskiert. Jetzt musst du einfach Ja sagen."

In Lieselottes Magen flattert es, wie vor dreiundfünfzig Jahren. Sie will ihm sagen, was sie empfindet, doch als sie die Augen öffnet, ist Paul verschwunden. Verträumt blinzelt Lieselotte ins einfallende Sonnenlicht. Der Duft von Pfingstrosen hängt noch immer in der Luft. Sie hört, wie eine Tür aufgeht. „Paul?" Schritte hallen leise nach. Gleich wird er eine Hand auf ihre Schulter legen und mit der anderen eine Pfingstrose in ihr Haar stecken. So wie früher. Lachend streckt sie ihm die Hand entgegen. Ihm würde sie die Schmerzen nicht zeigen. Sie würde stark sein, so wie er es all die Jahre war. Er steht nun direkt vor ihr, umfasst ihre Hand. Sie spürt die Wärme und lächelt.

„Ich konnte es einfach nicht übers Herz bringen." Die

helle Stimme einer Frau dringt in Lieselottes Bewusstsein. Sie schaut auf und mit jedem Blinzeln löst sich Pauls Gestalt in jener der jungen Schwester auf. Langsam lässt Lieselotte die Hand sinken. Dann zieht die Schwester sie vom Fenster fort. „Wir machen einen kleinen Spaziergang. Die Pfingstrosen blühen so herrlich, das muss ich Ihnen zeigen." Die Schwester schiebt sie aus dem Zimmer, über den kargen Flur hinaus in den kleinen Garten.

Sie sieht die Pfingstrosen schon von Weitem. Sattes Pink erstrahlt neben zartem Weiß-Rosa. Ganz dicht schiebt die Schwester sie an die Rosen. *Ach Paul,* denkt Lieselotte, schließt die Augen und nimmt diesen Duft in sich auf, den sie niemals vergessen wird.

Jahreszeitenliebe

Bettina Pfeffer

Es ist April, das Jahr beginnt
die Sonnenstrahlen wärmen schon
Gedanken eilen nun geschwind
zu meinem starken Oberon

Im Mai hör ich den Flötenton
und auch die Harfe lullt mich ein
Herzpurzelbäume sind der Lohn
wie schön kann doch die Liebe sein

Der Juni bringt schon heißen Wind
die Morgenluft uns frisch erscheint
und wenn wir nicht beisammen sind
mit uns vor Schmerz der Himmel weint.

Vom Juli mit der heißen Nacht
wo Vogelzwitschern ist Geleit
da hat das Glück uns hold gelacht:
Gemeinsam zur Unendlichkeit

August hat heiße Tage noch
die Nächte werden wieder lang
dem Vogel gleich das Herz fliegt hoch
und manchmal ist's im Herzen bang.

September dann lässt kälter sein
was vorher kochte inniglich
ein Hauch von Nebel kommt herein
lässt frösteln deine Hand und mich

Oktoberstürme reißen wild
die Blätterschar vom Baume
doch golden hier und manchmal mild
die Sonn' am Waldessaume

Es ist November, meine Seel'
so kalt und trüb die Liebe
dass ich mich nur mehr damit quäl
wenn's ewig trübe bliebe

Dezember nun und Weihnachtszeit
bringt Wärme in die Herzen
es fehlt kein liebliches Geleit
bei warmen Christbaumkerzen

Im Januar da knirscht das Eis
es friert mich an den Füßen
da hilft nur Tee, die Tasse heiß
und denken an den Süßen

Der Februar ist klirrend kalt
und Schnee hat's ohne Ende
recht drohend wirkt der dunkle Wald
sind reifbedeckt die Wände

Es naht der März, das Eis zerbricht
und mit ihm flieht die Kälte
vergessen hat die Welt uns nicht
der Winter packt die Zelte.

Freude pur

Ellen Zaroban

Der Meister des Erdreichs buddelt flink
schwarze Hügel auf der Wiese.
Frisch erwachet die Natur und bringt
durch mein Haar 'ne frische Brise.

Mit jedem Atemzug spür' ich mich!
Sonne wärmet mir sanft die Haut.
Der Frühling naht mit Liebe und Licht.
Alle Vögelchen zwitschern laut.

Genieß' die Aussicht vom Turm herab,
wie der Wind fühl' ich mich hier frei;
Freude pur, dass Ostern alles klappt.
Wieder ist's viel zu schnell vorbei.

Juliane und Martin

Wolfgang Rödig

Zweiundzwanzigster April. Jetzt ist es also exakt ein Jahr her. Martin lässt seinen von dem blütenreichen Kalenderblatt abgewandten Blick durch den Vorgarten schweifen. Genau diese sonnendurchflutete Frühlingspracht hatte ihn damals spontan dazu bewogen, sein bereits im März ausgetüfteltes Vorhaben um einige Tage vorzuziehen.

„Im Mai, dem Monat der Liebenden, kann es schließlich jeder", sagte er zu sich selbst, um sich noch mal tüchtig zu ermutigen. Nachdem er ein letztes Mal seinen auswendig gelernten Text der Wohnzimmereinrichtung vorgetragen und sein bestes Hemd angezogen hatte, begab sich Martin auf den Weg zu Juliane. Allzu weit musste er nicht gehen, denn seine Angebetete wohnte nur zwei Straßen weiter in einem hübschen Häuschen mit großem Garten davor, in dem es fast immer was zu tun gab. Zum Glück schätzte Juliane die Gartenarbeit und nutzte so einen herrlichen Samstagvormittag natürlich gleich aus. Martin sah sie schon aus einiger Entfernung an einem der Blumenbeete werkeln, aus dem sie wohl gerade das erneut fleißig sprießende Unkraut entfernte. So hatte er nur ihr Hinterteil vor sich, als er am Gartentor angekommen. Da stand er nun und räusperte sich mehrmals. Doch sie tat immer noch so, als hätte sie ihn gar nicht bemerkt. Martin schätzte an Juliane unter anderem ihren Sinn für Humor, den auch er zu besitzen glaubte, dachte sich *Na gut, dann eben auf die skurrile Art!* und legte los: „Geliebte Juliane, wenn ich mich nicht irre, sind wir nun bereits seit vier Jahren ein Pärchen und seit rund zwanzig Monaten sogar verlobt. Ich glaub', es wär' allmählich an der Zeit. Und heute scheint mir der ideale Tag dafür. Es ist soweit. Es muss endlich heraus. Ich stelle dir also jetzt die alles entscheidende Frage. Willst du, geliebte Juliane, die du mir so viel bedeutest, dass du quasi alles für mich bist, und mir ja auch schon mal deine Zuneigung gestanden hast, mit dem berühmten kleinen Wort meinen größten Traum wahr werden lassen und uns beide vor dem Traualtar vereinen, wo wir dann mit demselben kleinen Wort unseren Ehebund besiegeln würden, um fortan als Mann und Frau miteinander durch alle Höhen und Tiefen zu geh'n, während wir ein gemeinsames Leben voller Liebe verbringen, bis dass der Tod uns scheide? Kurz gefragt: Juliane, willst du mich heiraten?"

„Nein!" Ihre Antwort war so kurz und knapp wie laut und deutlich. Sie hatte sich dafür zwar aufgerichtet, sich aber nicht zu ihm umgedreht. Was für ein Tiefschlag! Juliane hatte ihm also tatsächlich absolut unmissverständlich unterbreitet, dass sie keine gemeinsame Zukunft im Auge. Zunächst schockiert, dann tief betrübt, schlich Martin von dannen und erholte sich in der Folge nur sehr langsam von Kummer und Selbstzweifeln. Dass sie nicht Romeo und Julia verkörperten, was natürlich in erster Linie an ihm lag, war ihm von Anfang an klar gewesen. Doch etwas mehr

Glück in der Liebe hätte er seiner Meinung nach schon verdient gehabt. Zu seiner Verflossenen gab es nach dem dramatischen Vorfall so gut wie keinen Kontakt mehr. Ihre anfangs noch getätigten Anrufe konnte er immer irgendwie erfolgreich abblocken. Und inzwischen ist das Kapitel Juliane endgültig für ihn abgeschlossen. Aber ist es das wirklich? Martins Blick fällt wieder auf das Kalenderblatt. Nun liegt er tatsächlich schon ein ganzes Jahr zurück, jener oft verfluchte Schicksalstag, jener zweiundzwanzigste April, dessen entscheidende Minuten Juliane folgendermaßen erlebte.

Es war ein sonniger Samstagvormittag. Sie hatte ausreichend Zeit und Lust, mal wieder etwas im Garten zu machen. Am dringendsten erschien ihr das Unkrautjäten am Zaun zur Straße hin. Und so widmete sie sich dieser Tätigkeit in gebückter Haltung und voller Hingabe. Der Nachbar zur Linken mähte gerade seinen Rasen mit einem benzinbetriebenen Gerät der eher lauteren Art. Trotzdem konnte die Nachbarin zur Rechten dank ihrer kräftigen Stimme bereits beim zweiten Versuch zu ihr durchdringen. Und auf die mehr gebrüllte als gestellte Frage, ob sie den seit dem Vortag abgängigen Kater vielleicht ja irgendwo gesehen, antwortete Juliane in angemessener Lautstärke ebenso wahrheitsgemäß wie schnörkellos *Nein!*

Eine ausführlichere Erörterung und längere Diskussion zu dem Thema hielt sie aufgrund der gerade vorherrschenden widrigen Umstände für unangebracht. Von Martins feierlicher Ansprache und dem sich in diesen Momenten hinter ihrem Rücken abspielenden Drama bekam sie rein gar nichts mit. Oft genug hatte sie ihm seine verdammte Leisetreterei, wie Juliane die zurückhaltende Art ihres Verlobten nannte, schon vorgehalten. Dass Martin dann von einem Tag auf den andern scheinbar nichts mehr mit ihr zu tun haben wollte, fand sie ausgesprochen seltsam und sehr schade, da sie ihn trotz seiner Macken irgendwie doch schon tief im Herzen trug. Sie nahm es aber auch nicht allzu schwer, schob das erneute Scheitern auf ihr allgemeines Pech in der Liebe und beschloss, von Männern vorerst mal nichts mehr wissen zu wollen, um sich diesbezüglich eine etwa einjährige Auszeit zu gönnen.

Warum, weiß er selbst nicht, aber Martin hat sich den zweiundzwanzigsten April auf dem Kalender inzwischen rot angestrichen, sieht dann noch mal genauer hin und interpretiert sein Gekritzel schließlich als Herzform. Wie von der Tarantel gestochen, schnappt er sich den Zettel mit seinem Heiratsantrag aus der obersten Schublade und läuft nach draußen. Ein derart eindeutiger Wink des Schicksals duldet keinen weiteren Aufschub. Rasch entwendet er seinem Vorgarten noch ein paar der prächtigsten der ihm unbekannten Frühjahrsblumen und eilt zu ihr. Was für ein herrlicher Tag, so hell und warm! Ungeahnte Frühlingsgefühle ergreifen Besitz von Martin, dem plötzlich in den Sinn kommt, dass der zweiundzwanzigste April heuer ausgerechnet auf einen Sonntag fällt. Egal! Das Unkraut legt keine Ruhetage ein und wird, so gut hofft er die ihm Liebste zu kennen, vermutlich auch heute von Juliane bekämpft. Dass laute Rasenmäher sonntags zu schweigen haben, sollte indes Martins Trumpf sein.

Die Rückkehr des Lebens

Mona Lisa Gnauck

Wasser tropft auf nassen Grund,
Eis vergeht in kalten Tränen,
Blumen recken ihre Köpfchen,
wollen nach der Sonne spähen.

Frische Halme sprießen schon,
locken Tiere an das Licht,
Vögel ölen ihre Stimmen,
Aufbruch ist des Frühlings Pflicht.

Gerangel im Beet

Janthe Schröder

Wie die roten Tulpen ihre Hälse recken,
sich der Frühlingssonne entgegenstrecken,
mit breiten Blättern Schatten werfen
und damit die kleinen Blumen nerven.

„He, lasst uns auch ein wenig Sonnenschein,
ihr seid hier im Beet doch nicht allein!“,
ruft das Vergissmeinnicht nach oben,
die zarten Zweige drohend erhoben.

„Habt ihr das gehört, ein dreistes Lästern?“,
fragt die eine Tulpe ihre Schwestern.
„Da unten, das dürre Gestrüppe,
winzig blaue Blüten an einem Gerippe.“

„Was bildest du dir ein, freches Ding!
Wir sind die Königinnen, du ein Jämmerling.“
„Ich bitte doch nur um etwas Rücksicht,
brauchen wir doch alle etwas Licht!“

Im Morgentau die blauen Blüten glänzen.
Im Beet Schleimspuren ihr Silber kredenzen.
Von den Tulpen nur noch Stümpfe am Boden.
Kleine Blumen den Geschmack der Schnecken loben.

Morgenwind

Janina Thomauske

Der Frühling lässt den sachten Wind
spielen um die Pflanzen.
Sieh', wie die Blätter tanzen
sie fliegen so geschwind
davon in luftige Höhen.
Die Frühlingsluft, die Böen
tragen sie schon fort.
An einen unbekannten Ort.

Die Sonne strahlt in unbekanntem Glanz,
die Blumen öffnen sich ganz
und Wärme kehrt ein.
Es ist die Zeit zum Fröhlichsein.
Nimm' sie hinfort, die Blütenblätter,
du lauer Morgenwind,
weil wir wieder Menschen sind.

Frühlingsmelodien

Michelle Dahmen

Sie saß auf einer Bank mitten im Park und doch war sie ganz allein. Es war ein eher kühler Frühlingstag. Die Wolken wurden nur zeitweise von zarten Sonnenstrahlen durchbrochen. Eine leichte Brise wehte und die Bäume, Sträucher und kleinen Pflänzchen erinnerten sich noch an den letzten Schnee. Doch sie sah bereits erste Blumentriebe, die sich aus der Erde streckten. Bald würde es im ganzen Park blühen.

In der Nähe spielte jemand auf einem Klavier. Sie konnte die Person nicht sehen, dafür aber umso deutlicher hören. Sie schloss die Augen und hörte den Klängen von Chopin zu. Nach einiger Zeit vermischten sich die Klavierklänge mit der Melodie des Frühlings. Sie vernahm das Geräusch der Brise, die die Blätter leicht zum Rascheln brachte. Ein paar Tiere huschten zwischen den Sträuchern hin und her und sie meinte, eine Maus an etwas knabbern zu hören. Sie fragte sich, ob man auch einen Wurm über die Erde kriechen oder ein Blatt durch die Luft schweben hören könnte, wenn man nur genau hinhören würde.

Ein paar Vögel zwitscherten, stimmten in den Walzer ein. So unterschiedlich sie doch klangen, zusammen formten sie ein Lied. Die leichten Sonnenstrahlen auf ihrem Gesicht, Chopin und die Stille des Parks, die doch gar nicht so still war, stimmten sie friedlich. Sie fühlte sich ganz leicht. All die vielen Gedanken, die sonst durch ihren Kopf schwirrten, waren verschwunden.

Die Zeit ist gekommen

Willi Volka

Die Zeit ist gekommen
sich hervorzutun sich zu erheben
zu lauschen recht unbenommen
sich zu verneigen vor Wind unterm Regen.

Köpfchen schütteln sie im Tanz
weiß geschmückt als Braut
leuchten mit grünem Kranz
Glöckchen ohne Laut

Bleiben ungehört
drängen so ins Heut'
was schweigt und leise schwört
überrascht erneut.

Glöckchens Wiederkehr.

Carpe diem ...

Brigitte Hausherr

Am frühen Morgen trägt die Wiese einen Schleier aus Tau. Die Grashalme glitzern feucht in der langsam aufsteigenden Sonne. Kühle Luft füllt meine Lungen. Langsam lasse ich sie wieder los.

„Der Atem ist die Brücke, die das Leben mit dem Bewusstsein verbindet, die Brücke, die Deinen Körper mit Deinen Gedanken verbindet ...", sagt der vietnamesische Mönch Thich Nhat Hanh.

Mein Körper tankt diese Energie und ein Orchester aus Vogelstimmen spielt mein Lieblingslied dazu. Im Kirschlorbeer haben sich Amseln, Meisen und Spatzen zu einem Konzert versammelt. Ein Grünspecht sitzt vor dem Busch und pickt fleißig an seinem Frühstück.

Ich schließe die Augen und ertaste jede Unebenheit im kühlen Gras unter meinen nackten Fußsohlen, während ich langsam einen Fuß vor den anderen setze. Ein wohliges Kribbeln steigt in meinem Körper auf, als ein Sonnenstrahl mein Gesicht berührt.

Ich begrüße diesen Frühlingstag auf der großen Wiese vor den eindrucksvollen Mauern des Nikolausklosters. Der Turm der Kapelle liegt noch halb im Schatten. In diesem wunderbaren Park ist es noch still. Kein Mensch ist um diese Zeit unterwegs. Die junge Natur erwacht gerade erst aus dem Winterschlaf. Zarte Blüten, geheimnisvolle Knospen, was wird aus ihnen werden? Aus einigen schauen schon kleine Blätter heraus, andere sind noch ganz geschlossen.

Die Kamelien sind schon da. Selbstbewusst strahlen sie in kräftigem Rot. Rhododendron und Zypressen haben ihr grünes Kleid auch im Winter behalten. Dunkel und kräftig stehen sie zwischen den hellen jungen Blättern. Aufbruch in ein neues Jahr!

Der Farn bekommt ein neues Blatt. Winzige grüne Triebe sind schon vorhanden, fest eingerollt sehen sie aus wie ein Schneckenhaus am Stiel. Sie warten auf den Moment der Entfaltung. Irgendwann ist es dann soweit: das neue Farnblatt rollt sich auseinander. Die Maori in Neuseeland verehren dieses *Koru:* Die Spirale des sich öffnenden Farnblattes steht für Wachstum und ein neues Leben und auch für Veränderung und Aufbruch. Ein schönes Symbol, das mich beflügelt.

In meine Gedanken fließt der süße Geruch des großen Magnolienbaumes, dessen kräftige rosa Knospen schon halb geöffnet sind. Würziger Lavendel steht direkt am Eingang des Klosters. Ich öffne die schwere Holztür und betrete den dunklen Flur. Über den kalten Steinfußboden erreiche ich die Holztreppe in den ersten Stock. Sie knarrt und knirscht bei jedem Schritt und führt in einen langen Gang mit einfach eingerichteten Zimmern. Duschen und Toiletten befinden sich auf der gegenüberliegenden Seite. Das Kloster beeindruckt mich immer wieder durch sein schlichtes Ambiente und durch die unaufdringliche, herzliche Freundlichkeit und Achtsamkeit des Klosterteams.

Es ist so friedlich hier auf dieser Insel fernab von Terror, Gewalt und Krieg. In den zerbombten Städten dieser Welt ist niemand mehr achtsam, nicht mit sich selbst, nicht mit seinen Mitmenschen und nicht mit seiner Heimat, die einer Schutthalde gleicht, in der kein Grashalm überlebt und auch nicht die Menschen.

Im großen Speisesaal warten schon die anderen Frauen auf mich. Jedes Jahr im Frühling treffen wir uns hier im Kloster zu einem Seminar. Ich werde von allen sehr herzlich begrüßt. Auch unsere Seminarleiterin ist schon da. Es gibt gleich viel zu erzählen. Wie ist es uns im letzten Jahr ergangen? Was haben wir erlebt? Wie geht es uns heute? An einem großen Holztisch lassen wir uns das wunderbare Frühstück schmecken. Das Kloster ist für seine gute Küche bekannt. Liebevoll versorgt das Küchenteam die knurrenden Mägen und bringt leckere Hausmannskost auf den Tisch, die an Ferien bei Oma und Opa erinnert. Am Nachmittag duftet es im ganzen Haus nach Kaffee und frisch gebackenem Kuchen aus der hauseigenen Backstube. Das schätzen auch viele Menschen, die diese Oase als Ausflugsziel für sich und ihre Familie entdeckt haben. Das Kloster ist für alle geöffnet.

In einem kleinen Raum beginnt unser Seminar mit interessanten Gesprächen, Geschichten, Meditationen, Qui Gong und Klangschalenmassagen. Diese kurze Auszeit am Wochenende vertreibt trübe Gedanken. Sie lässt mich Kraft schöpfen, schenkt mir neue Ideen für den kommenden Alltag. Die Zeit ist reif, über alte Gewohnheiten nachzudenken und über einen neuen Aufbruch mit Veränderungen. Die Vorstellungen dafür sollen wachsen und gedeihen, wie das Farnblatt im Klostergarten im Frühling.

„Es gibt nur zwei Tage, an denen man nichts ändern kann", lernen wir vom Dalai Lama. „Der eine ist gestern, und der andere ist morgen."

Also dann: Carpe diem – pflücke diesen Tag.

Boten des Frühjahrs

Katharina Redeker

Ein sanfter Frühlingsduft
Geht wieder durch die Luft.

Am Horizont ein bunter Regenbogen
Ist farbenprächtig übers Land gezogen.
Krokusse und Schneeglöckchen
Strecken zaghaft ihre Köpfchen.

Narzissen und Tulpen blühen wieder,
Vögel stimmen an ihre Lieder.
In den Gärten erste Bienen summen
Und ein paar kleine Käfer brummen.

Horch – der Frühling ist da
Und mit ihm die ganze Schar.

Blütentraum

Christina Müller

Es regnet ohne Unterlass.
Rings rum ist es feucht und nass.
Winterlinge und Schneeglöckchen träumen.
Dürfen den Start des Frühlings nicht säumen.

Sie kommen auch bei Regen und Kälte vorgekrochen.
So haben sie es uns alljährlich versprochen.
Können nicht warten, bis das Wetter sich wendet.
Bis die Sonne ihre warmen Strahlen aussendet.

Nun stehen sie da und zittern und frieren.
Da kann eine schon den Mut verlieren.

Die gelben Winterlinge,
Sind, wie so oft, guter Dinge.
Die Krokusse in lila und blau,
Werden aus dem Wetter nicht schlau.

Und schließlich die Schneeglöckchen, die weißen,
Im Schnee sie erblühen, weshalb sie so heißen.
Ein jeder sich über ihr Blühen erfreut,
In dieser frühen Jahreszeit.

Venus, Flora & Co.

Christa Blenk

Tagelang irre ich nun schon umher. Schön langsam läuft mir die Zeit davon. Ich kann diesen Zephyrus einfach nicht abschütteln. Dieser Stalker! Was bildet der sich überhaupt ein. Kaum darf ich hoffen, ihn endlich abgehängt zu haben, windet es und schwuppdiwupp bläst er schon wieder neben mir und streckt seine Flügel aus. Und sein Aufzug, unmöglich! Vielleicht sollte ich ihn mit einer Überdosis Frühlingsrosen Richtung Norden katapultieren. Aber dann würde der Frühling dieses Jahr ausfallen. Ich darf diese besonderen Blüten nicht so mir nichts dir nichts an diesen windigen Gott verschwenden. Und wieso säuselt er ständig *Flora*. Ich heiße *Chloris*. Vielleicht eine Verwechslung? Heiraten will er mich, wenn nötig mit Gewalt nehmen, so ein ungehobelter Flegel. Macht scheint er ja zu haben. Aber will ich das? Lieber nochmal eine Runde drehen und nachdenken. Der Frühling ist doch die beste Jahreszeit! So üppig, so farbenfroh, so großzügig. Warum trägt er nur diesen grauen Anzug? Na ja, wenn ich dann mal seine Frau bin, werde ich seine Kleidung etwas aufpeppen. Der Blumenkranz, den ich trage, schmeichelt mir. Und das edle, reich bedruckte Kleid steht mir ausgezeichnet. Ich merke, wie mir Venus verstohlene, neidische Blicke zuwirft. Und dieser Orangenhain, einfach hinreißend. Ob sie schon reif sind? Egal, ich werde mir gleich mal eine von diesen runden, orangenen Früchten pflücken und dann die Bekanntschaft der anderen hier Anwesenden machen.

Bezaubernd, wie die Frühlingsrosen aus ihrem Mund quellen und die Welt zum Florieren bringen. Ich werde sie Flora nennen und sie zur Frau nehmen. Aber zuerst muss ich sie erwischen. Wenn sie nur nicht so flink, so leichtfüßig wäre. Immer wieder entzieht sie sich mir. Ein Windhauch und wusch, schon ist sie wieder weg. Sie macht sicher viel Sport, Yoga vermute ich. Bin ich ihr zu ephemer? Einerlei! Ich bin *Zephir*, der Windgott und werde Amor um Hilfe bitten.

Jetzt hat sie mir doch glatt Landeverbot erteilt und eine Augenbinde verpasst. Soll ich vielleicht blind durch die Gegend schießen oder eine Pause machen? Sie könnte sich ja schon mal klarer ausdrücken. Aber so sind sie, die höheren Götter, keine Empathie. Heute Morgen hat sie obendrein verlangt, ich möge endlich meine Ähnlichkeit mit Donatellos David ablegen. Was glaubt die eigentlich? Ich streike jetzt, will nicht länger als pummelige Amorette mit Pfeil und Bogen durch den Himmel sausen. Venus hat überhaupt keine Ahnung, wie das ist, ständig belächelt und als niedlicher *Amor* bezeichnet zu werden. Wenn sie mir die Augenbinde abnähme, könnte ich für mehr Liebe unter den Menschen sorgen. Denn der Streit ist schon wieder vorprogrammiert in dieser Schlangengrube Florenz! Mein roter Köcher ist prall gefüllt mit Liebespfeilen. Ich wage es einfach. Wenn ich mich recht erinnere, zielt mein Hauptpfeil genau zwischen die drei Grazien. Oder doch erst Zephir?

Obwohl wir *Drei Grazien* nur Untergöttinnen sind, heute übertreffen wir sie, die schöne, eingebildete Liebesgöttin. Ihr Kleid ist langweilig und ihre Halskette verblasst neben unseren Geschmeiden. Sie schwächelt! Botticelli weiß halt, was sich gehört. Wir sind Töchter von Zeus und unsere aussagekräftigen Namen *Frohsinnige, Blühende* und *Strahlende* bringen Ansprüche mit sich. Hier in diesem Orangenhain kommen wir echt super zur Geltung und Floras Frühlingsblumen heben unsere Reize noch einmal hervor. Venus ist missgünstig, auch wenn sie das unter einem süßlichen Gehabe vertuschen will. Vielleicht leidet sie unter Schwangerschaftslaunen. Flora stiehlt ihr auch die Schau. Uns würde ihr Kleid ebenfalls gutstehen. Wobei die transparenten Schleier unsere perfekten Körper besser zur Geltung bringen. Luftiger sind sie allemal, jetzt, wo die Temperatur wieder steigt. Der Reigentanz ist uns heute besonders gut gelungen. Zeus kann stolz sein.

Meine Güte, können die mich nicht einmal in Ruhe lassen. Dabei will ich mich auf mein Ungeborenes konzentrieren. Zwischen diesen Florentiner Krawallbürsten wird sowieso nie Frieden einkehren. Der arme Amor, die Augenbinde ist nicht gerecht. Aber jetzt muss ich erst einmal durch den *Venus*-Arkadenbogen. Ich werde meine drei Grazien anweisen, mir nicht die Schau zu stehlen mit ihren durchsichtigen Kleidern. Oh je, was ist das denn. Träume ich? Flora, in einem umwerfenden Designerkleid. Genial, das Rosen- und Kornblumen-Muster. Jedes Jahr derselbe Zirkus und immer die Panik, in die zweite Reihe abzufallen. Das Universum läuft mehr und mehr aus dem Ruder. Wobei ich ihr, Flora, Grazie und Liebreiz nicht absprechen kann. Genial, wie sie ihre Blumen in die Welt streut und alle vor Vorfreude den Atem anhalten. Den elysischen Blumenkranz werde ich mir demnächst patentieren lassen.

Auf der anderen Seite ist natürlich meine mit goldenen Bordüren verzierte Robe unter dem rot-blauen Mantel wesentlich eleganter. Weniger ist Mehr! Wenigstens tragen sie keine Sandalen. Aber mit dem Schmuck haben meine drei Begleiterinnen ja schon den Vogel abgeschossen. Die Halsketten sind alles andere als Flitterkram, zu opulent und zu wertvoll für gehobene Dienerinnen. Mein Rubinen-Collier wirkt bieder im Vergleich. Hier muss ich nachbessern. Gleich morgen werde ich mit dem Goldschmied reden. So geht das nicht. Zephyr ist wie immer grau und verhuscht. Der könnte auch mal was für sein Aussehen tun. So kriegt er nie eine ab. Aber geschickt ist er ja schon, wie er hier von meinen Augen Chloris in Flora verwandelt. Fühlt sich gut an, auf diesem weichen Blumenteppich zu gehen, wie auf feinem, samtigen Sand. Schade, dass ich nicht barfuß gehen kann, in meiner Position. Merkur, dieser Anarchist, trägt schon wieder seine Stiefel! Na ja, ich will mal nicht so sein. Er hat es auch nicht leicht.

Hat sie mich doch tatsächlich zum wedelnden Wächter verdonnert. Diese Venus! Dabei hätte ich wichtige Botengänge für Jupiter zu erledigen. Ich kann mir dann wieder seine Schimpftiraden anhören. Wenn Venus glaubt, dass so ein dämlicher Caduceus-Stab reicht, die Wolken am

Frühlingshimmel zu vertreiben, dann täuscht sie sich. Diese Florentiner Streithammel sind unkontrollierbar. Am schlimmsten sind die ständigen Querelen zwischen den beiden Lorenzos, dem Magnifico und dem Pierfrancesco. Es geht nur um Geld, Neid und Macht. Da nützen so ein paar gepflanzte Lorbeerbäume gar nichts. Der alte Cosimo de Medici ist immer noch die Spinne im Netz, besticht Politiker, Religiöse, Händler wie er es braucht und brüstet sich dann damit, Florenz zu einem Ort der Kultur gemacht zu haben. Na ja, ganz unrecht hat er natürlich nicht. Aber Savonarola hat auch einen Punkt, wenn er das Lotterleben in Florenz anklagt. Da kann Machiavell schreiben, was er will. Was solls, meine geharnischten *Merkur*-Stiefel habe ich schon angezogen und sause direkt los, sobald diese öde Frühlingszeremonie vorbei ist. Die Stiefelspitzen vorne habe ich vorsichtshalber abgenommen. So sieht man zuerst nur meine Zehen und es fällt weniger auf, dass ich Schuhwerk trage. Denn da ist sie eigen, die Venus, nur sie darf ihre Füße verzieren. Wenngleich, zu sagen hat sie mir ja eigentlich nichts! – Moment! Hat sie gerade offiziell den Frühling ausgerufen?

Anmerkung der Autorin:

Die im Text sprechenden Protagonisten sind alle einem der aussagekräftigsten Bilder zum Thema ‚Frühlingserwachen' entschwunden: Auf 203 x 314 cm erzählt 1482 der Italiener Sandro Botticelli das Erwachen der Natur.

Ostern im Schnee

Hermann Bauer

Der Osterhase klagt,
denn eine Bauernregel sagt:
Ist es grün zur Weihnachtsfeier,
fällt der Schnee auf Ostereier.

Der Osterhase jammert: Oh jeh!
Denn er sucht ganz zäh
mit dem kleinen Zeh
an Ostern den grünen Klee.
Das tut so weh im kalten Schnee.

Am Ufer vom See, da sitzt eine Fee.
Trinkt ihren Tee, mag keinen Kaffee.

Da schreit die Fee: He Osterhase, he!
Komm in meine Hütte am See
und trink einen Tee mit mir, der Fee.
Ich wärm' dir deine kalten Zeh',
dann tun sie nicht mehr weh!

Blumenzauber Leben

Dani Karl-Lorenz

Das Leben ist wie eine Blume,
gewurzelt da im Boden,
Bodenhaftung,
um zu Erblühen,
strahlend schön,
in der Wärme von Sonnenstrahlen,
im Leben zu sehen
in Liebe, Sympathie und Herzenswärme.

Dann,
im Herbst des Lebens,
blüht noch einmal,
ein Strahlen auf,
um dann im Winter des Lebens
zu Vergehen,
was einst so schön.

Das Leben ist da nie vergebens,
es bleibt:
‚Erinnerung' zurück,
so schön, so schön.

Wusstest du eigentlich?

Ines Zeuner

Er hatte unbedingt in den Park mit ihr gehen wollen. Obwohl Nina sich Mühe gegeben hatte, nicht zu zeitig am Pavillon zu sein, war sie dennoch vor ihm da. Das Wetter konnte nicht besser sein. Der Himmel war blau und wenn man nur lange genug hinaufsah, wurde er immer tiefer blau, dass es einem schwindlig werden konnte, und dazu gab es ein paar strahlend weiße Wölkchen, die die wunderbare Farbe des Himmels nur noch schöner erscheinen ließen. Nina genoss die Sonne und schaute sich um. Die Wege säumten Blumenrabatten, in denen sich bunte Frühblüher der Sonne entgegenreckten. Die Gärtner hatten vor allem die Tulpen nach Farben sortiert und so waren die Wege von roten und weißen Streifen begrenzt. Dazwischen auch Krokusse, bei denen die Farbstrenge nicht so ganz eingehalten wurde und dann auch noch andere Blumen, deren Namen Nina nicht kannte. Aber sie studierte ja auch nicht Botanik. Dieser Gedanke ließ sie auf die Uhr schauen. Schon fünf Minuten nach der Zeit. Ob er sie vergessen hatte?

Das Date war seine Idee gewesen. Sie sahen sich immer wieder in der Mensa, aber erst letzte Woche hatte er sich an ihren Tisch gesetzt und sie in ein Gespräch über die Notwendigkeit von Desserts verwickelt, worüber sie selbst jetzt, im ungewissen Warten, schmunzeln musste. Ein gutaussehender Typ, der sie zum Lachen brachte. Da hatte sie sich über die Einladung gefreut. Und nun? Sie schaute sich unentschlossen um. Warum hatte sie sich auf den Park eingelassen? In einem Café hätte sie wenigstens nicht so rumstehen müssen und gewusst, aus welcher Richtung sie ihn erwarten konnte. *Ich gebe dir jetzt noch drei Minuten und dann gehe ich,* dachte sie.

Sie schlenderte vom Pavillon weg und holte ihr Handy aus der Tasche, um ihre Freundin Tanja anzurufen. Diese Pleite musste sie ihr erzählen! Sie entsperrte und – da stand er vor ihr. Lächelte verlegen. „Sorry, ich bin wohl zu spät."

„Ja. Das bist du wohl", antwortete sie, hörbar unzufrieden.

„Ich, ich habe dir" – er stotterte ein wenig. „Hier!" Er hielt ihr mit schmutzigen Händen einen Knäuel von Pflänzchen hin, mit kleinen bauen Blüten. „Viola odorata!" So, wie er das sagte, schien er ihr Gold zu überreichen! Dabei sahen die Blümchen recht mickrig aus. Und wie sollte sie die entgegennehmen? Er hatte sie offensichtlich mit bloßen Händen ausgegraben und da war noch Erde dran! Offenbar erahnte er ihre Gedanken. „Riech erst mal." Er hob seine Hände vorsichtig in Richtung ihrer Nase.

„Hm, nicht schlecht. Das sind Veilchen, oder?"

„Ja, Duftveilchen – aus der Familie der Viola. Wusstest du eigentlich, dass es in dieser Familie, mehr als 600 Arten gibt und sie in fast allen Erdteilen zu finden sind?"

Das wusste sie natürlich nicht. Sie beschäftigte eher die Frage, wie sie die Veilchen transportieren könnte. Sie zog ein Papiertaschentuch hervor und er packte die Wurzeln der Veilchen äußerst behutsam darin ein. „Die kannst du auf den Balkon pflanzen, sie werden jetzt nicht mehr lange blühen, aber dafür nächstes Jahr wieder."

Super, dachte sie, *das ist ja eine ganz dolle Idee. Blumen für nächstes Jahr im Balkonkasten!* Ihr „Danke", fiel nicht besonders überschwänglich aus.

„Wollen wir ein Stück gehen?", fragte er schnell.

„Ja, das war der Plan, oder?" Obwohl sie das nicht beabsichtigt hatte, klang sie patzig. Die ersten Schritte liefen sie dann auch schweigend nebeneinander her. Nina suchte krampfhaft nach einem Gesprächsthema. Über das Wetter wollte sie nicht reden, zu altmodisch.

Kaum gedacht, hörte sie: „Was für ein wunderbarer Tag heute! Viel zu warm für April, aber herrlich und dieser tiefblaue Himmel! So schön!"

Nina wusste nicht, ob sie lachen oder wütend werden sollte. Er sprach tatsächlich über das Wetter! Wie ein Opa! Das musste sie ändern. Aber wie? Noch bevor sie etwas sagen konnte, hockte er sich hin und zeigte begeistert auf eine ihr unbekannte Blume in den Blumenrabatten. Sie hockte sich neben ihn und betrachtete die kleinen blassblauen, fast weißen Blüten, mit den dunkelblauen Strichen in der Mitte.

„Das sind Puschkinien!"

Sie sah ihn verständnislos an. „Puschkin war ein Schriftsteller, keine Blume! Du willst mich foppen!"

„Die heißen aber so! Und es gab noch einen Botaniker, der Puschkin hieß. Wusstest du eigentlich, dass diese Pflanzen mit dem Spargel verwandt sind?"

Nina bemerkte, dass sie bockig wurde. Woher sollte sie

das denn alles wissen und warum eigentlich auch? „Sie sind trotzdem recht hübsch", sagte sie so dahin und erhob sich und lief weiter.

Er eilte ihr hinterher. „Du bist wohl nicht so der Blumenfreund?"

Blitzmerker! Jedoch konnte sie das so auch nicht stehen lassen. „Ich schaue mir Blumen schon gern an, in der Vase oder hier im Park, aber ich muss doch nicht immer wissen, wie sie heißen!" Er sah jetzt ernster aus als letzte Woche in der Mensa oder noch vor ein paar Minuten. Sie wollte das schon gern ändern, aber wie? „Studierst du Botanik?", rutschte es ihr raus. *Sehr witzig, Nina!*, schimpfte sie mit sich.

„Neee! Ich studiere Maschinenbau, die Pflanzen sind mein Gegenpol zu dem ganzen technischen Gedöns. Und du?"

„Pharmazie."

„Wusstest du eigentlich, dass bis zu 60.000 Pflanzen als Heilpflanzen genutzt werden? Und wusstest du schon, dass ..." Er unterbrach sich. „Natürlich weißt du das. Sorry. Du hast ja damit zu tun."

Nina überlegte viel zu lange, was sie erwidern könnte. Natürlich hatte sie keine Ahnung, wie viele Heilpflanzen es gab. Es war ihr bislang auch egal gewesen. Und im zweiten Semester Pharmazie kannte sie noch lange nicht alle Bereiche des Studiums. „Das kommt sicher noch", murmelte sie und verfluchte sich für ihre Ideenlosigkeit, das Gesprächsthema endlich zu wechseln. Über Maschinenbau zu reden fiel auch aus und warum überhaupt, sollte man über sein Studienfach reden? Die entstandene Stille war unangenehm. Sie liefen nebeneinander her. Nina beobachtete ihn vorsichtig von der Seite. Wie sie sich auf heute gefreut hatte! Und nun? Stille oder botanisches Zeugs! Er betrachtete seine Umgebung, suchte sicher eine weitere Pflanze, von der man etwas wissen sollte und in ihren Gedanken äffte sie ihn nach: *Wusstest du schon, dass das Date ziemlich langweilig ist?* Oder *Wusstest du schon, dass ich das bereits bei meiner Oma nicht leiden konnte, wenn sie mich nach Baumsorten abfragte?* Sie sollte das hier beenden. Er schien bei weitem nicht so witzig zu sein, wie sie gedacht hatte. Aber verdammt gut aussehen – ja, das tat er immer noch! Schade. Sie stellte sich vor ihn, blinzelte gegen die Sonne und wollte gerade eine Ausrede präsentieren, da fragte er unvermittelt: „Wusstest du eigentlich, dass du schon ziemlich lange die interessanteste *Pflanze* (er zeigte mit zwei Fingern Anführungszeichen bei Pflanze) für mich bist?"

Sie spürte, wie sie errötete und lächelte total verblüfft. Und endlich, endlich fiel ihr sofort eine Antwort ein: „Und wusstest du eigentlich, dass alle Pflanzen etwas zu trinken brauchen, damit sie nicht welken? Ich habe Durst, und ich finde, wir sollten den Ort wechseln."

Als sie sich zum Gehen wendete, ergriff er ihre Hand und nun rannten sie fast und lachten und hatten beide keine Augen mehr für das Wetter und die Blumen.

Schlussnotiz

Hartmut Gelhaar

Dem Frühlingsfest ist zu verdanken,
dass wir uns umeinander ranken.

Mich imponiert auch Dein Humor.
Aus diesem Grunde schlag ich vor,

Lass uns über Gefühle reden.
So etwas mach ich nicht mit jedem.

Lass uns beim Du und ehrlich bleiben.
Was dann kommt, aber hier nicht schreiben.

P.S.
Der Leser darf auf Weiteres hoffen.
Doch wann und wo bleibt weiter offen.

Die Autoren

Stephie Abels, Jg. 1976, lebt und arbeitet im Herzen des Ruhrgebiets. Sie schreibt Kurzgeschichten und Gedichte und beschäftigt sich mit der Übersetzung von Emotionen in Worte. Im Mittelpunkt immer: der Mensch.

Viktoria Adam, geb. u. aufgew. in Süddeutschl., lebt in Bremen. Geisteswissenschaftl. Studium in Heidelberg .u. Rom. Arbeitet im pädagogischen Bereich. Schreibt vor allem Lyrik und Kurzgeschichten. Liebt Yoga, Literatur, Zitroneneis, den Frühling und das Meer.

Thorfalk Aschenbrenner, geb. 1972, kam erst spät zur Lyrik. Beruflich ist er in der kaufmännischen Logistik zu Hause, verheiratet und Vater von zwei erwachsenen Kindern. Er lebt in seiner Geburtsstadt Erlangen.

Juliane Barth, Jg. 1982, lebt im Südwesten Deutschlands. Sie schreibt als Hobby seit jeher sehr gerne, u.a. Gedichte, Kurzgeschichten und Sachtexte. Veröffentlichungen in diversen Anthologien. https://sacrydecs.hpage.com.

Hermann Bauer, geb. 1951 in München. Grafiker, schreibt Kurzgeschichten, Lyrik, Reisereportagen und Theaterstücke. Auftritte als Kabarettist und Sänger (Bass) in einem Musical. Synchronstimme im bayerischen Dialekt. www.shen-bauer.de.

Katrin Benning, geb. 1991, Redakteurin aus Berlin. Über das wissenschaftliche Schreiben ist sie auf das kreative Schreiben aufmerksam geworden. Im Laufe der letzten Jahre hat sie sich mit vielen Arten des Schreibhandwerks auseinandergesetzt.

Hannelore Berthold, geb. 1944, wohnt in Chemnitz. Rentnerin. Veröff. In zahlr. Anthologien, Literaturzeitschriften, 1 Gedichtband, Romane: *Loreley, Vom siebten Stern.*

Christa Blenk lebt in Niederbayern und am Atlantik, verfasst Ausstellungskataloge, veröffentlicht regelmäßig Kurzgeschichten in verschiedenen Anthologien und Literaturzeitschriften und schreibt seit 2010 für ein Berliner Online Magazin.

Imke Brunn lebt in unmittelbarer Nähe zum Rheingau. Neben der Veröffentlichung in mehreren Anthologien sind bereits zwei Kinderbücher sowie ein Buch mit Kurzgeschichten von ihr erschienen. Autorenseite: https://imke-schreibt.de.

Buora Buonder, Jg. 1963 ist in den Bergen aufgewachsen. Sie lebt im Kanton Aargau und verbringt einen großen Teil im Engadin. Sie schreibt Geschichten für Erwachsene und Kinder und hat verschiedene pädagogische und therapeutische Ausbildungen.

Anni Christen, Jg. 1963, lebt mit ihrem Mann und zwei Katzen nördlich von Hannover. In der Freizeit steht neben Lesen und Stricken immer mehr das Schreiben im Vordergrund. Ihre Kurzgeschichten sind bisher in verschiedenen Anthologien erschienen.

Michelle Dahmen, geb. 2004, studiert Informatik an der RWTH Aachen. Sie schreibt seit ihrem achten Lebensjahr. Neben dem Schreiben gehören Sport und Musik zu ihren Leidenschaften. Sie lebt in Aachen.

Stefanie Dohmen, Jg. 1966 in Ribnitz-Damgarten, lebt heute in Oberhausen. Ihre Gedichte sind inspiriert aus bes. Momenten innigster Freude in der Natur. Die einfache Sprache lädt den Leser zum Nachspüren ein und regt ihn an, ein tiefes Beglückt sein in der Natur zu suchen.

Hilde Deiner, Jg. 1955, hat erst seit kurzem das Schreiben für sich entdeckt. Sie lebt mit ihrem Mann im Münsterland und schreibt Kurzgeschichten. Ein Krimi ist in Planung.

Ilona Drivdal, geb.1952 in Darmstadt, lebt in Norwegen. Die Anthropologin publiziert wissenschaftliche Texte, Übersetzungen, Poesie, Artikel (in Norwegen, UK und Deutschland).

Renate Düpmann, geb. 1953 in der Lüneburger Heide, lebt an der hess. Bergstraße. Nach dem Studium Kunsterzieherin im Schuldienst. Publ. von Lyrik u. Kurzgesch. in Anthol. Gewinnerin des *Poesie neu* Preises der Ges. f. zeitgen. Lyrik. Veröff. im Pohlmann Verlag *Bunte Poesie für Dich* (Lyrik).

Oliver Fahn, geb. 1980 in Pfaffenhofen a. d. Ilm. Seine Werke sind zuletzt bei Ingo Cesaro, Elysion, Literaturpreis Harz, Kroggl Verlag, Baltrum Verlag, eXperimenta und Verband katholischer Schriftsteller Österreichs erschienen.

Lara Fernandes, geb. 2006, studiert Englisch sowie Deutsche Sprache und Literatur an der Universität zu Köln. Ihre Hobbys sind lesen und Klavier spielen. *Frühlingswonne* ist ihre erste Veröffentlichung.

Dieter Franke, Jg. 1954, Studium Mathematik und Physik. Dozent sowie Pädagogischer Leiter an einer Bildungseinrichtung des Bundes. Diverse Veröffentlichungen zu Krisenmanagement, Führung, Strahlenschutz, ... Ruhestand seit April 2020.

Hannelore Futschek, geb. 1951 in Wien. Matura, Studium, Bankangestellte, Bestatterin, Gleichbehandlungsbeauftragte im Arbeitsmarktservice. Lebt im Salzkammergut. Seit der Pensionierung schreibt sie gerne Kurzgeschichten und Romane.

Hartmut Gelhaar, Jg. 1948, Rentner, lebt in Wernigerode. Hat bereits in mehreren Anthologien veröffentlicht. Eigene E-Buch Publikationen unter bookrix,de/-texter. Eigener Podcast unter Youtube: *Lyrik für die Ohren.*

Mona Lisa Gnauck arbeitet als Autorin und Ghostwriterin. Ihre Texte erschienen zuletzt in der eigenen Veröffentlichung *Limokrieg im Zauberwald* sowie in diversen Anthologien. Instagram unter @lokistochter.

Ella Groen, geb. 1992 in Dinslaken, studierte Germanistik und Geschichte. Mit ihrer Kurzgeschichte *Es ist nur ein Wort* belegte sie den dritten Platz des Moerser Literaturwettbewerbes 2023.

Aurelia Groß schrieb erste Kurzgeschichte mit 7 Jahren, später auch Gedichte, Fotografien und Sachtexte (teilw. als Ghostwriterin). Veröffentlichungen in Zeitschriften, Anthologien, einem Kalender und Webseiten sowie ein eigenes E-Book.

Edda Gutsche ist freie Autorin. Ihre Gedichte, Kurzgesch. u. Märchen wurden sowohl als Einzeltitel als auch in div. Anthol. u. Literaturzeitschr. Veröffentlicht. 2018 erschien ihr zweiter Lyrikband *Die Heide hat lila Augen.* Viele Preise, darunter den Opus Magnus Discovery Award in den USA.

Stefan Haberl, geb. 1971 in Uffenheim, schrieb bereits in der Grundschule gerne Kurzgeschichten. Beruflich ist er im Gesundheitswesen unterwegs.

Brigitte Hausherr, geb. 1956, lebt in Sprockhövel. Sie schreibt Kurzgeschichten, Reiseberichte und Haiku, veröffentlicht in Anthologien, Fotovorträgen und einem eigenen Buch. Seit 2022 ist sie Mitglied im Autorenkeis Ruhr-Mark.

Monika Heil, geb. 1945, schreibt Prosa und Lyrik, veröffentlichte u. a. zwei Kriminalromane, eine Kriminalgeschichtensammlung sowie mehr als 60 Texte in Anthologien, Literatur- und überregionalen Zeitschriften.

Ingeborg Henrichs, zuhause in Ostwestfalen, verfasst kürzere Texte und manchmal bildnerische Werke. Schützt das Schöne und Nützliche in Natur und Kultur Einige Veröffentlichungen.

Andreas Herkert-Rademacher, geb. 1978 in Würzburg, wo er auch lebt. Glücklich verheirateter Vater zweier wundervoller Töchter. Freizeitautor, Hauptberuflich im kaufmännischen Bereich aktiv.

Catharina Luisa Ilg, Jg. 2005, geb. u. aufgew. im Erzgebirge, derzeit Studentin in Ungarn, liebte es schon immer zu reisen. In ihrer Freizeit schreibt sie Gedichte sowie Kurzgeschichten. Sie hat zwei jüngere Brüder, zu denen sie ein überaus enges Verhältnis pflegt.

Dani Karl-Lorenz, geb. 1967, in der Oberpfalz, ist Autorin aus Leidenschaft, fotografiert und malt gerne. Veröffentlichungen in versch. Sammelwerken und Anthologien. Eigene Bücher *Die Abenteuer des Katers Casar* und *Schnee, der auf die Felder fällt.*

Simon Käßheimer, geb. 1983 in Friedrichshafen am Bodensee, lebt heute nahe Ravensburg. Dazwischen liegen eine Gärtnerausbildung und neun Jahre Hauptschule sowie die Arbeit als Gärtner und zuletzt eine Tätigkeit, die ihm die Zeit zum Schreiben eingeräumt hat. www.simonkaessheimer.de.

Michael Jan Lars Kastor, geb. 2003 in Germersheim, studiert Mathematik und Bildende Kunst für Gymnasiallehramt in Landau (Pfalz). Der (Wort-) Künstler beschäftigt sich im Feld der Literatur überwiegend mit Lyrik und Kurzgeschichten.

Hannes Klemmer, geb. 2010, lebt seit seinem zweiten Lebensjahr in Alfter. Zur Schule geht er in Bonn ans Beethoven-Gymnasium.

Christian Knieps, geb. 1980, lebt und arbeitet in Bonn, schreibt Romane, Theaterstücke, Novellen und Kurzgeschichten. Zuletzt: *Tynn*. Magischer Roman. Mehr Infos zu den Veröffentlichungen auf christianknieps.net.

Barbara Korp ist eine junge Autorin mit einem Hintergrund in Linguistik und Germanistik. Neben ihrer Erfahrung im Verfassen von wissenschaftlichen Publikationen und Blogbeiträgen verfügt sie über eine ausgeprägte Beobachtungsgabe.

Emma Jolie Krohn, geb. 2005 in Potsdam, lebt seit fast zwei Jahren in einer Therapeutischen Wohngruppe in Berlin und widmet sich dem kreativen Schreiben.

Anja Kubica, geb. 1983 in Radebeul, wo sie 2002 ihr Abitur machte. Ihre Ausbildung zur Industriekauffrau hat sie 2005 erfolgreich abgeschlossen. Seit 2009 veröffentlicht sie hin und wieder Texte in literarischen Anthologien.

Margot Lamers-Zigan, geb. und aufgewachsen im Herzen des Ruhrgebiets. Stolze Mutter und glücklich verheiratet. Zu Fuß und mit Worten gerne auf Abwegen.

Helga Licher schreibt Kolumnen, Artikel und Geschichten für verschiedene Zeitschriften. Sie lebt in einer beschaulichen Kleinstadt im Osnabrücker Land.

René Linnet, Jg. 1997, absolvierte 2018 erfolgreich den Lehrgang *Kreatives Schreiben für Fortgeschrittene* an der Schule des Schreibens. Neben der Fertigstellung seines Debütromans widmet er sich Gedichten und Kurzgeschichten.

Katja Lippert, geb. 1982, verheiratet, vier Kinder. Eigene, mehrsprachige Kinderbuchtrilogie: *Liese, Lotte und der Weg in die Welt* (deutsch-englisch/Teil 1). www.kaffeekrümel.de.

Olivér Meiser, geb. 1970 in Reutlingen, Studium der Geographie in Tübingen und Rio de Janeiro, Studienreiseleiter, schreibt Prosa, Lyrik und Sachbücher, Preise u. a. bei Bertelsmann, FDA, Stiftung Euronatur und den Buchmessen Migration.

Christina Müller, geb. 1971, studierte Musik- und Kunstwissenschaften an der Universität Bremen. Langjähriges Mitglied im Opernchor des Theater Bremen. In den letzten Jahren erste Veröffentlichungen. Sie schreibt Kurzgeschichten und Gedichte.

Ulrike Müller, geb. 1964, wohnt in Bühl/Baden, Bürokauffrau, vierfache Mutter, schreibt, näht, gärtnert und liebt Clownerie. Veröffentlichungen in mehreren Anthologien.

Ingrid Ostermann hat seit Schulzeiten gern geschrieben. Beruflich war sie in der Entwicklungshilfe tätig. Im Ruhestand kann sie dem Schreiben jetzt mehr Zeit widmen. Erste Gedichte und Geschichten sind in Anthologien erschienen.

Sandra Pfändler, geb. 1972 und aufgewachsen in der Schweiz. Kaufmännische Ausbildung in einem Buchverlag, später systemische Beraterin, gerichtsnahe Mediation und richterliche Funktion. Seit 2017 Vollzeit-Schriftstellerin.

Bettina Pfeffer, geb. 1967, schreibt seit vielen Jahren am liebsten Gedichte aber auch kleine Geschichten. Seit 2011 beteiligt sie sich erfolgreich an Anthologie-Ausschreibungen. Sie liebt Humor und möchte Menschen mit ihren Texten zum Lachen bringen.

Petra Pohlmann, geb. 1960 in Bad Laer. Fernstudium 2002-2005. Buch: *Schmulli, die Moormumie* – nom. f. d. Jugendlit.-Preis d. Steir. Landesreg. in 2008. Beiträge in versch. Anthologien u. KD-Magazinen. Hg. im Wendepunkt Verlag. Seit 2018 Verlegerin. www.pohlmann-petra.de.

Katharina Prestel, geb. 1985, aufgewachsen in einem Pfarrhaus in Heidelberg, arbeitet zurzeit als Lehrerin an einer Realschule in Baden-Württemberg. Neben dem Schreiben gilt ihre Liebe vor allem ihren Tieren und der Natur.

Katharina Redeker, geb. in Hamburg. Nach dem Abitur Übersetzerstudium in Saarbrücken. Seit 2016 Veröffentlichungen in Anthologien. Sie lebt im Ruhrgebiet und arbeitet als Übersetzerin und Dozentin an einer Universität. Website: www.amazon.de/Katharina-Redeker/e/B08T6QX7KV.

Kathinka Reusswig, geb. 1980. Sie studierte an der Goethe-Uni in Frankfurt am Main *Historische Ethnologie*. Hobbymäßig nimmt sie an Ausschreibungen teil und hat darüber bereits veröffentlichen dürfen.

Helmut Rinke, geb. 1938, Lehrer i. R. (Wirtschaftswissenschaften), Mitglied in zwei Wittener Autorengruppen, Veröffentlichungen in zahlreichen Anthologien, vorwiegend Kurzprosa, Vorlesung eigener Werke in verschiedenen Einrichtungen.

Wolfgang Rödig lebt in Mitterfels. Er hat bislang mehr als 900 belletristische Kurztexte in Anthologien, Literaturzeitschriften, Tageszeitungen und Kalendern sowie zwei eigene Gedichtbände veröffentlicht.

Andreas Rucks, geb. 1979 in Stollberg/Erzgebirge, Erzieher in einer Kindereinrichtung in Aue-Bad Schlema, seit 2005 zahlreiche Texte in Anthologien veröffentlicht. 2023 wurden zum Tag der Sachsen in Aue-Bad Schlema zwei Spiele nach seiner Idee veröffentlicht (Sag's schnell, Partnerstädtespiel).

Nils Rudison studierte Philosophie und Geschichte an der FernUniversität Hagen und der Universität Freiburg. Neben seiner Tätigkeit als Ethik-Dozent widmet er sich mit großer Leidenschaft der Literatur, die seine Inspirationsquelle ist.

Jennifer Sauerwald wird seit ihrer Ausbildungszeit vom Schreiben begleitet. Früher war es ein Ausgleich, heute möchte sie ihrer Leidenschaft mehr Raum geben. Aus diesem Grund belegt sie seit einem Jahr einen Lehrgang bei der Schule des Schreibens.

Nico Schäffauer, geb. 1996, wohne mit seiner Frau und seinem Zwergkaninchen Hildegard (der wahren Chefin im Haus) am Fuße der Schwäbischen Alb. Er hat Kulturwissenschaft studiert und arbeitet als Journalist beim SWR.

Monika Schillinger machte als Standfotografin bei Dreharbeiten (Klaus Peter Wolf) erste Erfahrungen am Set. An der ARD- und ZDF-Medienakademie machte sie den Abschluss als Drehbuchautorin. Sie veröffentlichte bisher drei Kurzgeschichten.

Carmen Schmidt lebt in Bremen. Bei ihrer Tätigkeit als Komparsin entdeckte sie ihre Liebe zum Krimi. Sie ist Mitglied im Bremer Krimistammtisch, veröffentlicht mit ihm jährlich Anthologien. Sie erhielt zwei Literaturauszeichnungen.

Janthe Schröder, geb. 1974 in Bremen, schreibt Kurzgeschichten, Gedichte und Romane. Sie hat Sozial- und Wirtschaftsgeografie studiert und lebt seit 2007 auf dem Land zwischen Bremen und Hamburg. www.meineblaueblume.de.

Frauke Schuster, geb. 1958, verbrachte den Großteil ihrer Kindheit in Ägypten. Später studierte sie Chemie und arbeitete für eine Fachzeitschrift. Sie schreibt Kriminalromane und Kurztexte. www.frauke-schuster.com.

Anke Schüür lebt an der Nordseeküste. Sie schreibt u.a. Gedichte, Kurzgeschichten und Erzählungen. Diverse Veröffentlichungen, z.B. in Anthologien und in einem online-Magazin.

Petra Semler hat mit ihren Schreibkolleginnen der WortMacherei Fulda die beiden Kurzgeschichtenbände *Geh nicht durch den Schlossgarten* und *Kein Mord in der Friedrichstraße* veröffentlicht und steht mit dem Literatur- und Event-Lesung-Verein Fulda auf der Bühne.

Werner Siepler sinniert in gereimten Versen, humorvoll zum Nachdenken anregend, über die Macken und Marotten der Menschen. Durch seine Gedichte möchte der Autor die Problematik verschiedener Themen auf den Punkt bringen und Denkanstöße geben.

Tommy Sonntag, geb. 2001 u. aufgewachsen im Hamburger-Norden. Freiheit für sie ist das Schreiben. Durch den frühen Tod ihrer Oma, war das Einzige, was ihr blieb, die gemeinsame Liebe für die Kunst des Dichtens. Früh fing sie so an, ihre Gefühle zu verarbeiten u. in ihren Texten diese Verbindung weiter leben zu lassen.

Katrin Streeck, geb. 1963 in Greifswald, schreibt Kurzgeschichten und Gedichte. Sie hat Veröffentlichungen in Anthologien. www.fantina.de.

Jochen Stüsser-Simpson liest, joggt und schreibt gern in verschiedenen Genres und Gegenden, lebt und arbeitet in Hamburg.

Janina Thomauske studierte Medien- und Kommunikationswissenschaft auf Bachelorniveau und Medienwissenschaft im Master. In ihrer Freizeit schreibt sie gerne Gedichte für Erwachsene und Kurzgeschichten für Erwachsene u. Kinder.

Andrea Tillmanns, geb. in Grevenbroich, lebt in Ostwestfalen-Lippe und arbeitet hauptberuflich als Hochschullehrerin. Sie schreibt seit vielen Jahren Gedichte, Kurzgeschichten und Romane in den verschiedensten Genres.

Willi Volka, geb. 1941 in Karlsruhe, lebt in Hannover. Rentner. Literarische Veröffentlichungen (Lyrik und Prosa) in zahlreichen Anthologien und Zeitschriften. www. willivolka.de.

Cleo A. Wiertz, Dipl.-Psychologin, Schriftstellerin und Bildende Künstlerin (Bilder, Werkstücke, Fotografie). Lebt mit ihrem Mann im Elsass und in Südfrankreich. cleo-wiertz-textures.com.

Ellen Zaroban, geb. 1972, wohnt in Cottbus. Die Bürokauffrau steht *mitten im Leben* und hat drei Kinder. Im zweiten Anlauf fand sie DEN RICHTIGEN und spürt seine Liebe noch immer. In ihren Gedichten verarbeitet sie Emotionen.

Ines Zeuner, geb. 1964 in Bautzen, wohnt in Taucha bei Leipzig. Lehrerin für Deutsch und Englisch an einem Gymnasium in Leipzig, verheiratet, ein erwachsener Sohn.

Inhaltsverzeichnis